「ウケる」は最強のビジネススキルである。

笑いのコンサルタント
中北朋宏

日本経済新聞出版社

やりたいことって
ないといけないの？

1on1って
意味あるの？

営業で成果が
出ない・・・

チームの
メンバーとどうやって
接したらいいい？

パワハラ上司に
なりたくない

可愛がられる
意味って何？

こんな上司と
関わりたくない！

人前で
面白いことなんて
言えない

メンバーが
本音で
話してくれない

職場の
人間関係が
憂鬱

仕事はできても、
人から
好かれない・・・

こんなはずじゃなかったのに!!!

深田敬《たかし》

クラスでは人気者だった。大学でも人を笑わせていたが、いざ入社した会社では成果が出ず、学生の時の輝いていた日々が本当に懐かしいと思っている。

「絶対に、将来はビッグになる!」と言っていたものの、全く営業成績が振るわず、思考停止状態……。

川谷政成《まさなり》

営業部の部長で深田の上司。

新卒で今の会社に入社している。非常に厳しい、数字至上主義。会議では厳しいフィードバックをし、相手に緊張や威圧感を与えてしまう。

主な登場人物紹介

恵比寿

関西弁ではあるが丁寧で優しい。釣り竿と鯛を持っている。釣り竿を器用に使う。何でも一人で出来てきたが、七福神のチームを持って初めてマネジメントの難しさを知った。

後輩である布袋尊などからの信頼も厚く、頼みごとは断れない。

布袋尊《ほていそん》

太っていて禿げている。袋をもっているなぞの関西弁の神様。七福神の中で一人だけ実在の人物をモデルにされており、実は相当な苦労人だ。その他の神様に対して嫉妬心があるが、恵比寿のことは尊敬している。だらしなく、人間味がある。

石野元《はじめ》

深田が嫉妬している1年下の後輩。そつがなく、何でも出来てしまう。営業成績も達成しており、社内の評価もすでに深田を超えている。

しかし、人への配慮が欠ける場合があり、常日頃から場を盛り上げている深田を実は尊敬している。

山本さつき

管理部門に所属している深田敬の同期。凛としていて、入社3年目にも関わらずリーダーを任されている。

責任感が強く優秀で、思ったことは率直に伝える。人に対して「傷つける言葉」を発する深田が好きにはなれない。

はじめに

私は、「株式会社 俺」という少々攻めすぎた名前の会社を経営しています。

どんな事業をしているかというと、笑いの力で組織を変える「コメディケーション(※)」とお笑い芸人からの転職支援「芸人ネクスト」という2つを展開しています。

※コメディケーションとは、コメディとコミュニケーションを掛け合わせた造語です。

本書では、主にコメディケーションについて触れていきます。

そもそもなぜ私が、このような事業を展開しているのかというと、私が浅井企画という芸能事務所で6年間、お笑い芸人として活動後、転職して人事のコンサルタントになり営業成績ナンバーワンを達成し、ベンチャー企業での人事責任者を経て、今の会社を経営しているという不思議な経歴の持ち主だからです。

そんな経歴の中で500社ほどの経営者・人事の方とお会いしました。話をする中で、組織の課題はコミュニケーション不足から起きていることが非常に多いと感じています。

具体的には次のようなものです。

「上司と部下が本音で話をしない」

- 1on1などの施策をするものの、本音を言う関係性ではないため無駄で苦痛な時間だけが過ぎてしまう
- 部下が何を考えているか分からない。また、部下も上司が何を考えているか分からない

「若手の社員がすぐに会社を辞めてしまう」

- 職場の人間関係に馴染めず辞めてしまう
- 憧れる先輩や上司がおらず自分がここにいる理由がないと感じてしまう

「会社としての一体感が生まれにくい」

- イベントや飲み会などでパワハラまがいのイジリが行われている
- 互いの個性を尊重する文化がなくロイヤリティ（忠誠心）が高まらない

これらの課題は、弊社が提供する笑いのメカニズムを活用すれば解決することが可能です。

一見、複雑な課題でも日々の少しの工夫で大きく変化を起こすことができます。例えば、若手の離職率が70％だった会社が20％以下になったという事例もあります。

また本書では、営業でお困りの方にも非常に有効に活用いただける内容となっております。多くの営業の方とご一緒する中でお伺いする課題としては次のようなことをよく耳にします。

「お客様との距離の詰め方が分からない」

- お客様の懐にどのように入っていいか分からない
- アイスブレイクをしても逆に場が固まってしまう

「プレゼンで魅力的に伝えることができない」

- 面白い話をしたいが何を話していいか分からない
- プレゼンで緊張してしまいグダグダで終わってしまう

「お客様からニーズが引き出せない」

- 苦手なタイプのお客様が多い

●何を質問していいか分からず会議がストップしてしまう

そのような課題をお持ちの方々に、弊社の「研修を受けた営業担当」と「受けていない営業担当」で成約率に9・8ポイントの開きが出たりと、多くの成果を上げています。

なぜ、弊社のノウハウで成果が上がるのかというと、私自身がお笑い芸人から転職後、営業として全く売れない期間を過ごしたからです。前述したような課題を感じ、一つずつ自身が培ったお笑いのノウハウを活用することで解決し、営業成績ナンバーワンを達成しました。だからこそ生きたノウハウとしてご紹介できると思っています。

さらに本書では、皆様にただノウハウをお伝えするだけではなく活用イメージがより湧くようにストーリーでご紹介するスタイルを取りました。

また、ストーリーの中で詳しく紹介できない部分に関しては、より分かりやすく解説をしております。

登場人物は分かりやすく営業部所属としましたが、これからご紹介する笑いのメカニズムは営業部だけでなく、どこの部署に所属していても、もしくは経営者でも活用できる知識ですのでご安心ください。そして、え、こんなことしているの？と楽しんで読んでいただけると嬉しいです。

主人公の営業部所属「深田敬」は、本書を手に取っていただく方であればイメージが湧くキャラクター設定になっています。

会社もしくは、部署に必ず一人はいるであろう、お調子者で営業成績が振るわない人材。「自分もそうだな」「まるでアイツみたいだな」と楽しんでみてください。

また、営業部の上司「川谷政成」の苦悩もよくあるリアルな悩みをストーリーとして展開しています。「川谷政成」のマネジメントスタイルは時代からズレてきており、マネジメントに適さない人材として評価を下げています。

「川谷政成」自身も上司から同じようにパワハラまがいのマネジメントを受けてきたからこそ、それが正しい、もしくはそれしか知らない状態に悩み苦しんでいる。そんな上司の現実もかいま見えるかと思います。

さて、彼らが登場する会社は、弊社で担当した企業5社の課題を混ぜて作っています。5社は全て別のビジネスモデルですが、それぞれがコミュニケーションという切り口では同じような課題に悩まされていました。

つまり主人公の「深田敬」や上司の「川谷政成」が取り組む本書の課題は、どの会社でも起こっている、解決すべきものであるということです。

ぜひ、自社と照らし合わせながらお読みいただけますと幸いです。

第1章 まずは自分をプロデュースしよう

第2章 リアクションを実践してみる

第3章 一歩踏み出す勇気を持とう

第4章 人と人を繋ぐ〝イジる〟技術

第5章 タイプ別に「刺さりやすい」言葉を押さえよう

第6章 一流は好かれるために何をやっているのか

第7章 数字で見えなくなっていたチームの笑顔

第8章

チームを一つにまとめる

第1章　まずは自分をプロデュースしよう

お前と俺のプロローグ

「おい！　起きろ！」

昨日飲みすぎたのだろうか。一人暮らしの部屋で誰か知らない人の声がした。二日酔いで鉛のように重い体を奮い立たせて起きる。

声のする方へ目を向けると枕元に小指くらいの小さなおじさんが立っていた。

太ったスキンヘッドでパンパンに膨れた袋を持ったおじさん。お世辞にも身なりがしっかりしているとはいえない、浴衣のようなものを羽織った小さなおじさん。寝起きの頭が空回りし思考の整理を邪魔している。これはどういうことだろう……。

「やっと起きたか！　そろそろ会社に行かなあかん時間ちゃうんか？」

関西弁の小さいおじさんは、僕に会社に行く時間だと伝えてきた。「なるほど。これは夢だ。どう考えても夢だ。昨日はひどく酔ったからまだ夢の中にいるんだ」と思い、改めて眠ろうとした。


「あっ！　痛い!!　痛い！　痛い!!」

僕の頬に衝撃的なほどの痛みが走った。

「起きろって言ってるやろ！」

大きな怒鳴り声と痛みで跳び起きた。小さいおじさんは小さな手で僕の頬を力いっぱい、ぎゅーっとつねっていた。

「何するんだよ！」

「これで夢じゃないことが分かったやろ」

小さいおじさんは満足そうにニヤリと笑い僕を見ていた。受け入れざるをえない。この痛みが本当であるように小さいおじさんは本当にここに存在している。恐る恐る聞いてみる。

「一体誰なんですか？」

「誰ってお前ほんまに覚えてないんか？　……というかな、お前がそもそも望んで俺が来てやってんのに。呆れるわ。俺は、ほんまに呆れてるぞ」

そう言うとおじさんは、大きなため息をついた。

「すみません。本当に、覚えてなくて」

小さいおじさんの、仕方ないなという呆れた表情がより濃くなった。

「ほんまに、しょうがないやつやで。俺や！　俺！　神セブンの！　もう分かるやろ⁉」

「カミセブン？」

こんな小さいおじさんがアイドルグループ的なのに所属しているわけもなく……。

「七福神や。こっちの神様の業界ではそう言うんや。もうこれで分かるな？」

「すみません」

「勘が悪いやつやのう！　布袋尊や。よくこんな特徴的な神様を忘れることができたな！　びっくりや。俺は、びっくりしてるわ」

布袋尊と聞いてハッとした。僕には、聞き覚えがあった。

僕が中学生の頃だった。クラスで面白いと人気者だった僕は、お笑い芸人に憧れていた。ある日、修学旅行で一人行動をして七福神巡りをしていた。布袋尊は、〝笑う門には福来たる〟で有名な神様である。ご利益があるかもしれないと思い参っていた。

布袋尊が祀られている薄暗く人気がない祠には、「ここに賽銭を置いてください」と書かれた看板があり、賽銭を置くと小指サイズの土でできた布袋尊の人形を持って帰ることができた。

お笑い芸人の夢は、いつの頃からか現実的ではないと思い忘れてしまった。今の会社に営業マンとして就職することが決まり、何となく引っ越し先に持ってきていた布袋尊の人形。あの頃の夢はなくなってしまい、就職して鳴かず飛ばずの営業マンとして働いている。たまに輝いていた学生時代を思い出す。こんなはずじゃなかったのにな……。

「やっと、思い出したか⁉　ほんまに帰ろうかと思ったわ。さぁ、やろうか？」。そう言うと布袋尊は、大きく手を叩いた。

「やるって何をですか？」

「は？　決まってるやん！　面白くなるトレーニングや！」

布袋尊はまくし立てるように言った。

「お前、面白くなりたいんやろ？　昨日、ベロベロに酔って俺に、泣きついてきたやん。まぁ、俺も嬉しかったし一肌脱いだろうと思ったんや。山本さんやっけ？　見返したらなあかんで！」

山本さんという名前を聞いて急に胸が痛くなった。急激に記憶が蘇ってくる。

蘇った昨日の記憶

昨日は、僕が勤めている会社の営業部の「数字達成お祝い会」だった。僕は、いつも通り後輩の石野元をイジりながら場全体を盛り上げていた。

石野元が話すたびに、「オチねーじゃねーかよ！」とか「すべってるぞー！」とつっこんでいた。石野元は、楽しくなさそうに苦笑いするが周りはクスクスと笑っていた。

石野元は、僕の1年後輩にあたる。何でもそつなくこなし先輩の僕よりも営業数字を上げている。才能が違うのか、学歴が違うのか、ポテンシャルが違うのか。僕はもう分からなくなっている。もしかしたら、分からないのを言い訳に頑張ることを放棄しているのかもしれない。

だから飲み会で盛り上げ役に徹して、みんなにこの場だけは少しでも楽しんでほしいという気持ちが強い。今の僕には、これくらいしかできない。

僕は、学生時代から飲み会では人一倍元気になるタイプだった。毎年開催される「数字達成お祝い会」では、僕自身が入社してから一度も数字を達成していないこともあるが、盛り上げ役しかやることがなかった。というよりは盛り上げ役に回るしか自分の存在理由がなかったのだと思う。


そんな中、事件は起こった。山本さつきだ。

山本さつきは同期入社で、管理部門に所属している。柔らかな印象で、街で見かけたら二度見してしまうほど端正な顔立ち、何でも本気で取り組める姿勢、まさに学級委員長タイプという感じの女性だ。仕事ぶりを認められ3年目にもかかわらず、管理部門でリーダー職を任されている。今回、管理部門として営業部をフォローした功績を認められて飲み会に呼ばれていた。

僕が石野元を笑い者にして場を盛り上げていると、ドン！っと大きな音がした。場が静まり音がした方へ視線が集まる。

そこには、テーブルを叩いて立ち上がり、拳を握り締めフルフルと体を震わせた山本さつきの姿があった。端正な顔が鬼のような形相になっていた。

僕は直感的に感じた。これはマズそうだ……。

「深田くんもうやめない!? オチがないって何!? すべってるとかって何!?」

山本の勢いに気圧されたが喉の奥から搾り出し何とか声を発した。

「いやぁ…… 山本どうしたの? みんな楽しんでいるでしょ?」

「みんなって誰? 少なくとも私は楽しくない。オチがないって言っているけど、深田くんの話にだっていつもオチはないよ。今まで言わなかったけど、深田くんの方がすべってるよ。勢いでごまかしているだけ。そんな風に石野くんに接するのをやめてほしい」

その勢いは止まらなかった。営業数字が出ないのも、上司に怒られているのも、飲み会だけよく喋るのも、などなど、深田がいつも気にしていることをここぞとばかりに言い続けた。

勘弁してくれよ……。正直ぐうの音も出なかった。みんなのためではなく、石野元を落として自分が目立とうとしていた。人のためではなく自分のためにやっていたからだ。数字が出ないのも完全に僕が悪い。

山本の剣幕に頭がもうろうとしてきた。

いつもは厳しい部長の川谷政成が、苦虫をかみつぶしたような気まずい顔でみんなに声をかけた。

「まぁ今日は祝いの席だから仕切り直そう。じゃあ、もう一度乾杯しよう」

「乾杯〜〜〜〜！」と威勢の良い掛け声とともに、気まずい雰囲気を散らすかのように改めて酒を酌み交わし会が進んでいく。どんな顔をしてこの場にいていいか分からず、めちゃくちゃ飲んだ。

バレないよう山本の方に目を向けると、石野元が山本の側に座り、小声で何かを話している。「どこまでもそつなくこなすやつめ！」と心の中で呟いた。すると、山本がこちらに目を向け睨みつけてきた。

聞こえるはずもないのに、怖い……。

山本に何も言い返せなかった。唯一の盛り上げ役も否定され、営業の数字も後輩に負け、俺には何が残っているんだろう。

助けてほしい。こんなはずじゃなかったのに……。

営業担当らしい「営業」は売れない

どうやって家に帰ってきたか覚えてないほど、酔っ払っていたらしい。昨日、悔し泣きをしたらしく枕がビショビショになっていた。

悔しさが込み上げてきた。山本を見返したい。石野元なんかに負けたくない。

「布袋尊様、僕……」

布袋尊が言葉を遮って言った。

「様とか柄じゃないから、『布袋さん』でええよ。中国でみんなにそう親しまれてきたから」

「布袋さん、面白くなりたいです！　あんなつらい思いしたくないです！」

布袋尊は、深呼吸をした。太っているお腹がさらに膨張し、パンパンになった。そして部屋が震えるほどの大きな声で言った。

「こ・こ・ろ・え・た〜〜〜〜〜〜〜〜!!」

空気がビリビリと震えるほどの声に、僕の心は高揚した。これで救われた気がした。でも、ある考えが頭をよぎった。

面白くなったところで営業ができるようになるわけではない。結局、何の解決にもならない。救われたと思った心の高揚は、見る見るうちに冷静になっていく。僕の満面の笑みは、真顔へと変わっていった。

するると布袋尊が改めて口を開いた。

「お前、急に顔変わってしまったから先に言うとくけど、面白くなることは営業マンとしてだけでなくビジネスマンにとって非常に重要なことやで」

「は？」。ハテナで頭の中がいっぱいになった。「面白くなることが営業マンとビジネスマンとして重要なこと？」。全く聞き覚えのないことを言われた。

布袋尊が、待っていました！と言わんばかりに話し出した。

「例えば俺が、営業マンで、お前がお客さんだとして礼儀正しいだけの人間から買うか？本当に買いたいのは『この人また会いたいな』と思える人からのはずや」

また会いたい人、と言われてもピンとこなかった。普通に考えて、物は営業マンから買うものだ。また会いたい人から買うとは、一体どういうことなんだろう。

「お前あれか？　勘が悪いというか、お母さんのお腹の中に勘を忘れてきたんちゃうか？」

布袋尊がため息をつきながら話を続けた。

「しょうがないのう。ニッチな産業は違うにしても、大抵の商品に大きな差はない。そこで差別化されるのは販売している人間になる。商品が売れてもその後、何度も会うことが多い。長いお付き合いになるってことや。そしたら人間的な魅力があるやつから買うやろ？」

「そう言われると、確かにそうですね」

「そこで笑いの力や。面白くなることで人間的な魅力も自然と出すことができるんや。そうするとお前に商品としての価値も出てくるわけや。ビジネスにおいてここがすごく重要なんや」

面白くなることで、人となりを出すことができる。どういうことなんだろう。まだ納得感がなく悩んでいると、

「じゃあ、孫正義くん分かる？」

「は、はい。あの？」

「そうや。彼はな講演会の最初に場の空気を和ませようと、自分のハゲた頭を使って自虐（※）ネタを披露し、笑いを取ってから話を進めるんや。そうすることで、場が和んで自分が話

しやすい空気になる。そして、親しみやすい人柄であることを伝えているんや」
※自虐：自分を下げて笑いを取ることをいう。

布袋尊は続けた。

「じゃあ、お前はどう見られたいの？」

僕はどう見られたいんだろう……？　悩んでいると「ジリリリリリ」と携帯が鳴った。携帯を見ると画面には「スヌーズ」と出ている。いつも会社へ出勤している時間を大きく過ぎていた。

布袋尊がのんきな声で言った。

「1回目鳴ったとき、うるさかったから止めといたで～」

「なんで⁉」と思ったが、急いでスーツに袖を通し準備をした。部屋を出て走って駅に向かうとき、かすかに布袋尊の声で「お供え物買ってきてな～」と聞こえたが、気にとめていなかった。

僕の頭の中は、「僕はどう見られたいんだろう？」という言葉が駆け巡っていた。煮え切らないまま会社へ向かった。

今日は、苦手な営業会議がある日だ。

深田敬が働く会社とは

深田敬が働く会社は、企業に対して社員研修などのプログラムを販売している。新入社員研修から管理職研修などのいわゆる階層別研修を扱っている。会社の大切な社員の教育を預かる仕事だ。社員の平均年齢も30歳と若く、成果を出した者が役職を与えられる。主な部門は3つある。

【営業部】

深田や石野、川谷部長が所属している部門となる。営業数字を稼ぎ出すために、企業を訪問して研修を導入してもらう活動をしている。販売して終わりではなく、現場でいかに学んだスキルを使えるかをお客様と一緒に考える密着型営業が売りとなっており、プロとしての専門的な知識も必要となる。

営業数字を伸ばし成長してきた会社であるため、数字には厳しく営業会議では「詰める」アプローチが横行している。深田は新卒から営業に配属され3年目となる。まだ一度も目標数字を達成したことがない。

【開発部】

企業研修のコンテンツを作成する部門となる。営業がお客様から受注してきた研修の案件を形にする。プロとして常に新しい人材育成のトレンドを把握し、新商品を開発するスキルが求められている。

正解がない中で形にするためコンテンツ作成に非常に時間がかかる。パッケージを作成するのが仕事だが密着型営業が取ってくる案件は、要件が全て異なっておりカスタマイズが必要となる。必然的に労働時間が長くなる。

【管理部】

山本さつきが所属する部門となる。企業研修を提供しているため講師の調整や研修に使う備品・資料などを準備している。縁の下の力持ちでありこの部門なくして会社は成立しない。営業からはバックオフィスなどと呼ばれ、ちょっと下に見られている。

自分たちは、会社のコストであるという意識があるため新たなことにチャレンジすることや部門だけで勝手な判断ができないのが正直なところである。

心理的安全性がない会議

深田は、会社の最寄り駅から全力で走り定時ギリギリに到着した。肩で息をしながらタイムカードに打刻していると後ろから声が聞こえた。

「深田、社長出勤か？　飲み会の次の日だからこそ、早く来いよ！」

後ろには川谷部長が立っていた。怒ったときは、般若のような顔になる。形相だけでなく色も真っ赤になる。お面でもつけているのか、と思うほど怖い表情となるが、今朝は口元がニヤッとしていた。ただ、目だけが爛々としていた。川谷部長も寝不足なのか。何より安心したのは、今日はまだ怒っていないことだ。「すみません」と呟き会議室へと急いだ。

川谷部長の一声で、会議が始まった。現状の数字報告、各個人の進捗、今後の方針の順に会議は進んでいく。特に恐れているのは「各個人の進捗」だ。ここで個人攻撃的に詰められる。昨日は「数字達成お祝い会」だったが、一夜あけた今日は、新たな数字目標が言い渡される。

川谷部長から数字報告が行われ、進捗状況の報告が始まる。達成会あけの今日は、「なぜ、お前は数字が稼げないのか？」という僕に対しての質問から始まった。

「おい！　深田！　お前は入社してから一回も数字達成してないな！　どうしたらいいか言え！　分かってんのか？」

川谷部長の口調に尻込みしながら、自分が思い当たる理由を言ったが、あまり納得感がなかったようでさらに詰め寄られた。「すみません」。何を言われても、「すみません」と返してしまう。どんどん思考停止していく。

「だからお前は」「ちゃんとやってんのか？」「考えてんのか？」「意見はないのか？」。川谷部長の声だけが会議室に響いている。

会議室に重たく不穏な空気が充満してきた。息苦しい。

いつもならこのまま会議が終わっていくのだが、急に川谷部長の様子が変わった。ハッとした顔になり言葉を発した。

「まぁ、次回も頑張ろう。深田、誰かの営業の方法を勉強してみろ」

川谷部長が人をかばう言葉を発したのを初めて聞いたかもしれない。昨日の「数字達成お祝い会」で、山本から一方的に言われていたのに気を使ったのだろうか。

今後の方針が発表されていたが苦痛な時間が終わった安堵感から何も頭には入ってこなかった。そして営業会議は終わった。


深田は飲み物でも買おうと思い、社内に設置された自動販売機へ向かった。疲れた顔で会社の廊下を歩いていると、向かい側から山本さつきが歩いてきた。気まずい。どんな表情をしたらいいか分からず半笑い的な何とも言えない表情で、意を決して自分から話しかけることにした。


「山本〜！　昨日は大変だったよ。お前酔っていたのか？」

山本は鋭い目で深田を見て、ため息をついた。

「酔っているとかじゃないよ。本当にああいうのはやめてほしい。何となく冗談で済まそうとしているでしょ？　気の抜けた顔で話しかけて。私は本気でダメだと思っているから」

そう言うと足早に去っていった。気の抜けた顔じゃなく、気まずそうな顔だったんだけどな……伝えたいことは表情だけでは伝わらなかった。

まずは見た目を意識する

家に着くとテレビを見ながら布袋尊がくつろいでいた。「おかえり～」と言いながら小さいおじさんは僕の枕の上でゴロゴロしていた。

「最近のバラエティはキャラが濃いやつが増えたな～」とブツブツ言いながらゲラゲラと笑っている。

「君、お供え物買ってきてくれた?」

「はい?　お供え物?」

布袋尊は苦笑いしながら言った。

「いやいやいや、朝、君が出るときに『お供え物買ってきてな～』って伝えたやろ?」

聞こえたような、聞こえてないような……。

「ごめんなさい。忙しくて買ってないんです」

「お前、本当に残念なやつやのう。俺はええけどバチ当たるから覚悟しておいた方がいいよ。自分のことばっかりのやつはバチ当たるわ」

「バチって怖いこと言わないでくださいよ。ちょっと、忘れただけなのに」

「今なんて言おうとこれだけは仕方ない。お前には、バチが当たる。なぜなら、俺は神様やから。例えば、神社に行ってお賽銭も投げずに毎日、毎日、お願いごとだけしている人見たらどう思う？」

「いや、それは、お賽銭くらい払えばいいのにって思いますけど」

「全く同じことやん。君の家に住んでいる神様に毎日ありがたい話を聞かせてもらっているわけや。お願いごととして毎日叶っているのにお賽銭どころか、お供え物すら渡さない……」

「そんなこと言われても……」

「残念やけど、そろそろ来たみたいやわ」

すると部屋の空気が一瞬冷たくなったような気がした。玄関の方からパンッという破裂音が聞こえた。深田の体がビクッと動いた。

急いで玄関に向かうと普段履いているスニーカーの靴紐が真っ二つに切れていた。顔から血の気が引いていくのが分かった。

布袋尊の声がする。

「な？　自分、これで分かったやろ？　神様っていうもんは、大切にしなあかん。お供え物を買ってこないといかんわけや」

僕は玄関のドアを開け、急いでコンビニに向かって走った。コンビニで、布袋尊に何を買えばいいか分からず、とりあえずレジ横のチョコを買って戻ってきた。

「布袋さん、これでもうバチは当てないでください。チョコを買ってきました」と言いながら布袋尊がいる枕元にチョコを置いた。

「分かればいいのよ。誰もないがしろにしてはダメだよ」と言いながら、じっとチョコを見つめて、自分が持っている袋の中へ入れた。

「え？　食べないんですか？」

「当たり前やん。お供え物は見て終わりや」

神様の常識って一体何なんだろう……チョコ、食べないんだ。見てもらうために全速力で走ってきたのか。

「ほんで、会社どんな感じやったん？　家に帰ってきたときの顔から察するに『今日も嫌なことがありました』って感じやったけど」

「分かりますか？」

「分かるも何も嫌なことあったような顔してたやん。話聞いてくださいって顔に書いてあったで」

布袋尊に促されるまま話をし出した。今日の会議のこと、山本さつきに言われたこと。そんなことを洗いざらい話した。もう後半は愚痴になっていた。

「営業で売れないからってあんなに詰めなくてもいいと思うんですよね。そんなこと言われても何していいか分からないし。あの部長のやり方を変えないとダメだと思うんですよね。それに……」

「はいはい、そこまで！」と言うと呆れた顔をして布袋尊が話をし出した。

「もうただの愚痴になってるやん。部長のやり方は確かに変えないとあかんけど、そもそもお前が営業数字を達成しない限り対応は変わらへんわけやから」

「でも、営業で成果を出すってそんな簡単じゃないじゃないですか！」

「『でも』やない！　簡単や。『お前はどう見られたいの？』この質問が最も大切なことなんや」

朝に聞かれた問いだった。でも、僕の中で答えは出なかった。「うーん」と頭を抱えて

図1　見た目の重要性

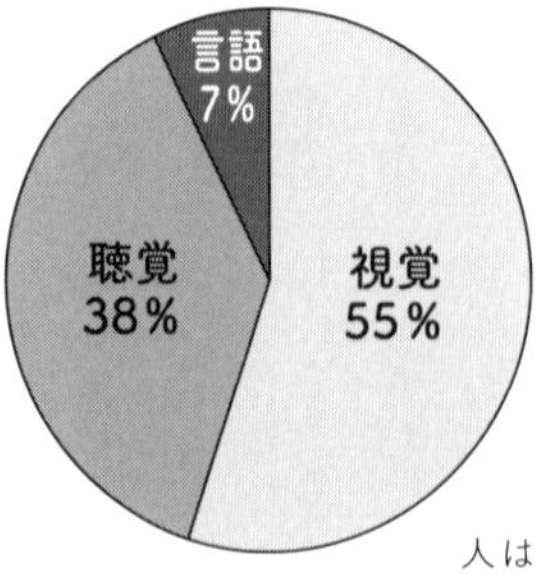

メラビアンの法則

- 第一印象は出会って数秒で決まる
- 初対面時、言語、視覚、聴覚で矛盾した情報が与えられたときに優先されるのは視覚が**55**%、聴覚が**38**%、言語が**7**%

人は「**人を判断する**」ことを
とても簡単な情報で行っている

考えてみる。

「もうええわ。ポーズだけやないか！　ペンと紙貸して」

枕元にペンと紙を置いた。布袋尊は両手で大きなペンを抱え器用に全身をクネらせながら紙に絵を描き始めた（図1）。

「この図見たことあるか？　就活してるときによう聞く話やと思うけど。メラビアンの法則って言うねん」

「なんとなく耳にしたことはあります」

「なんとなくってなんやねん。もうそれは、聞いてないのと一緒やん。

ほな簡単に説明するわ。アルバート・メラビアンくんが1971年に提唱したんやけど、要するに、人物の第一印象は初めて会ったときの3〜5秒で決まる。情報のほとんどを『視覚情報』から判断するってことやな。『視覚情報55%』『聴覚情報38%』『言語情報7%』こんな感じや」

図2　含まれる具体的な要素

視覚情報	見た目・表情・仕草・視線
聴覚情報	声の質・話す速さ・声の大きさ・口調
言語情報	言葉そのものの意味・話の内容

これらの情報を意図的に**自分で演出**して
周囲に発信すると**思い通りの印象をつける**ことができる

「なるほど。じゃあ、見た目が重要ってことですか？」

「それでは半分正解や。ここで本質的に伝えたいことは、そうじゃないんや」と言うとペンでさらに描き加えた（図2）。

「各情報を分解するとこんな要素が含まれてるんや。でや、要するにこの情報を全部意識的に自分で演出することができれば思い通りの自分を『自己プロデュース』することができるんや」

「な、なるほど」

「じゃあ例えばあれを見てみ」と言うとテレビを指さした。

テレビには、バラエティ番組が映っており、ピンク色のベストを着てテクノカットをしている芸人さんが「トゥース！」などと言ってギャグを披露していた。布袋尊はさらに話をし出した。

「あの芸人さんが、普段からピンク色のベストを着てると思うか？　あれは自分をプロデュースしているんや。ちなみにな、俺もそうや」

「布袋さんもそうなんですか？」

「そうや。俺は、七福神の中で一人だけ人間から神様になっているわけなんやけど。どうしたら神様っぽく見えるのか、どうしたら神様に選ばれるのかを追究して今の衣装や話し方になってる。俺も、意識してないときはスーツにロン毛やったしな」

布袋尊がスーツにロン毛？　明らかに神様っぽくない。布袋尊のそんな姿を思い浮かべると少し笑えた。

「お前な、売れる営業はどんな見た目で、どんな話し方で、どんな言葉を使っているんか、それをしっかりと理解しないとあかんわけや」

「あんまり意識したことがないかもしれません」

「そうやろ？　ボサボサの髪で、ヨレヨレのシャツ、スーツもクタクタで。ほんで、さっき話聞いていたら愚痴ばっかり。そんなお前に誰が自社の大切な社員の教育を頼むんや」

笑いで相手の感情を操作する

全く言い返せなかった。僕は、社会人になって見た目だけでなく、話す言葉にも意識を向けていなかった。

「じゃあ、一番簡単な自分の印象を『自己プロデュース』する方法を教えたる。それはな、リアクションや」

「リアクション？　芸人さんがやっているようなやつですか？」

「そうや、リアクションを取る必要があるんや。ビジネスで言うと営業が使っている『反応吸収』っていうやつやな」

「反応吸収？　何か吸収するんですか？」

「無知やな〜。ほんま無知やわ。もう可愛く見えてきたわ。『反応吸収』っていうんは相手の発言に対して相槌を打ったり、繰り返したり、笑ったりすることや」

「あぁ〜。なんか営業会議で聞いたことあります」

「気の抜けたこと言うな！　あんな、お前みたいに相手と話が盛り上がらない人の特徴が

3つあるんや」

布袋尊が枕をペンで、ドラムのようにバタバタと叩き出した。埃が舞い上がり、2人とも咳が出る。

「ドドン！」という声とともに、3つを紹介した。

1 自分からリアクションを取らない

2 今まで笑いを取ったトークや表現をストックしていない

3 相手に質問することにブレーキをかけてしまう

「この1は、すごく簡単にできるからやったらええ。相手が話すことに対して、相槌を打つ。そして、自分から笑うんや。そうすることで会話が盛り上がるんや。この『笑う』っていうのが重要なんや」

「え？　笑うことが、なんでそんなに重要なんですか？」

「いい質問やな。それはな、人の感情の特性にある。人の感情というのは相手の感情に共鳴して同じ感情を引き出す特性があるんや。笑ってる人を見たら笑ってしまうし、イライラしている人を見たらイライラする。要するにや、お前が営業として訪問したときによく笑うと相手は必ず『楽しい、面白い』って感情が引き出されるんや」

「なるほど……」。確かにそうかもしれない。満員電車でイライラした人を見て自分もイライラした経験がある。

「お前、明日の予定はどうなってるんや？」

「ちょっと待ってください」。携帯でスケジュールを確認した。

「えー、初めてのお客様への訪問です」

「いやいや、お前、明日の予定も即答できひんのか？　事前準備もしてへんのとちゃうんか？　会社のこと調べたり、仮説で課題を立てたり。そんなこともしないで訪問に行くなんて、戦場に竹槍で殴り込むようなもんやぞ」

「すみません」

「今すぐ調べて準備をしろ！」

「はい！」

明日に向けて企業を調べた。

自分を思い通りに見せる自己プロデュース力

「メラビアンの法則」で印象をコントロールする

「メラビアンの法則」という言葉を聞いたことがあるでしょうか？　アメリカの心理学者アルバート・メラビアンという方が、自分の名前をそのまま大胆に法則名にしたものです。就職活動をしているときに耳にしたことがある人もいるかもしれません。人は他人について視覚情報、聴覚情報、言語情報の中で、「視覚情報」で50％以上判断するという法則です。

ここで一番お伝えしたいのは、先ほどご紹介した要素を意図的に発信することができれば、自分の印象を思い通りに、周囲に演出することができるということです。

さて、お笑い芸人の世界でも売れている芸人さんのほぼ半数が、衣装にこだわり、キャラクターを決め、キャラクターに沿った言葉を発しています。ピンクのベストを着たり、金髪のモヒカンにしたり、リーゼントにしたりと工夫を凝らし自分を意図的に演出しています。

今売れている芸人さんの過去の写真を検索してみてください。明らかに努力を見ることができます。

では、どのように自分をプロデュースするかというと、「3つの目」を使います。

1　自分から見た自分
2　相手から見た自分
3　将来のなりたい自分から見た自分

この3つから見た自分を正しく認識することが必要となります。以下、詳しく説明していきます。

「3つの目」で自分を正しく認識する

1 自分から見た自分

正しく認識するためには、鏡を使って客観的に自分を見たり、どんな人物なのかを自分に質問したりしていく必要があります。

2 相手から見た自分

「ジョハリの窓」という言葉を聞いたことがあるでしょうか？ 図3をご覧ください。

相手から見た自分とは「自分は気づいていない」けれど「他人は知っている」すなわち、「盲点の窓」を指します。この窓を開ける方法は一つしかありません。それは、人から聞くことです。ぜひ、率直にどう思うかを聞いてください。

ちなみに、笑いは「秘密の窓」と「盲点の窓」に隠れていることが多いです。特に、手っ取り早いのは「秘密の窓」を開いて笑いを取る手法です。ほとんどの芸人さんが失敗談や人に言いにくい話をして笑いを取っているように「秘密の窓」には笑いが隠れています。

図3　ジョハリの窓

	自分は知っている	自分は気づいていない
他人は知っている	「開放の窓」 自分も他人も 知っている自己	「盲点の窓」 自分は気がついていないが、 他人は知っている自己
他人は気づいていない	「秘密の窓」 自分は知っているが、 他人は気づいていない自己	「未知の窓」 誰からも 知られていない自己

具体的には、「貧乏な話」「鬼嫁の話」「身内の話」などが多いです。芸人さんからすると「秘密の窓」は秘密ではなく笑いが取れるただのネタでしかありません。

3 将来のなりたい自分から見た自分

改めて自己プロデュースする目的をセットする必要があります。入社動機や現在感じている自分への憤りをもとに描いていくといいと思います。なぜ、憤りをもとに描くかというと憤りとは自分への「問題意識」だからです。問題だと思うということはその背景に「こうなりたい」が必ず隠されています。

3つの目を正しく把握しきれず、どのように自己プロデュースしていいか分からない、演出する姿が思い浮かばないという方は、営業で成果を出している人を真似してください。

私は、お笑い芸人からコンサルタントへ転身したものの、あまりに違う道すぎて思うように成果が上がりませんでした。試行錯誤した結果、営業で成果を出している人の「見た目」「営業トーク」「使っている言葉の表現」を完全にコピーすることにしました。

真似するためについて回り、営業トークも録音して覚えました。録音を聞く中で、言葉の表現や間の取り方などの明らかな違いに気づきました。自分も営業トークを真似して修正していくと明らかに営業成績が上がり始めました。本当に効果があるのですが、面倒くさがってやらない人が多い方法です。

また、この方法を実践すると棚からぼた餅的な副産物を手に入れることができます。それは、上司や先輩から可愛がられるという効果です。皆様も働く中で感じていると思いますが、社内営業は非常に重要です。

上司や先輩に必死について回る後輩を可愛がらない人はいません。自然と社内営業もできてしまいます。

相手を予想し、リアクションを引き出す

ちなみに現在、私がやっている自己プロデュースは、「白いシャツ」「紺ネクタイ」「スーツ」を身につけることです。なぜかというと、元お笑い芸人という肩書きがお客様から見ると「軽い」「ビジネスを知らない」などの印象を持たれてしまうので、印象を操作するためにビジネスマンらしい見た目を演出しています。

ただ、それだけですと「あれ？　真面目なだけ？」と思われてしまうので、名刺のサイズをｉＰａｄと同じ大きさにしています。だいたい、通常の名刺の9倍の大きさですね。

これを出すことによって、お客様が「でか！」「大きいね」などのリアクションを取ってくれ、「元芸人さんだけあるな」と期待に応えることができます。

さらに続けて、「実はこの名刺はマーケティングの一環なんです。弊社のビジネスは、全てお笑いをベースに作られているので、名刺を渡してリアクションがなかった場合は弊社のお客様になる可能性は限りなく低いと判断させてもらっています」というトークまで準備しています。

名刺の写真

このトークを聞くと大抵の相手は「本当に考えている人だな」と感心してくれます。

そして最後に、「先ほど、大きいなど、リアクションを取っていただいたので、本日は良い商談になりそうです」と言ってニコッと笑い本題に入るようにしています。言うまでもなく商談は非常にスムーズに進みます。

完全に余談ですが、今まで1000名以上の方に大きな名刺を渡してきました。ほとんどの方は、「でか！」「大きい！」「名刺のアプリに入らない」などのリアクションをします。

その中でも印象的だったリアクションは、久米宏さんです。以前、久米宏さんの

TBSラジオの番組にゲストでお呼びいただいた際に名刺を渡しました。受け取ったとき、久米宏さんは「そうきたか⁉」というリアクションを取りました。

「そうきたか⁉」ということは、予め何か仕掛けてくると気を配っていたのだと思います。さすが一流の方は違うなと驚いたのを覚えています。

話が盛り上がらない人の3つの特徴

ストーリーの中で布袋尊が言っていた話が盛り上がらない人の3つの特徴を説明します。このストーリーを読み進める中でも、重要な事項となります。そもそも、なぜ話が盛り上がらないのでしょうか？

1 自分からリアクションを取らない

面白い人とは「面白いことを言う人だ」と思われがちですが少しズレがあります。もちろん、面白いことも言うのですが、それ以上に、面白い人ほど人の話によく笑うということです。

弊社の研修受講者の方に「お客様は別に面白いことを言わないけど、なぜ、笑わないといけないんですか？」と聞かれたことがあります。

誰のために笑うのか、ということです。面白いから笑う時点で、その受講者の方は笑わせてもらうという受身的にその場に存在しています。自分が主体的に場をデザインするのだという意識が低いことがうかがえます。

場をデザインするために、自分から相槌を打ち、笑うことでどれだけ相手が話しやすい空気を作ることができるかが重要となります。

2 今まで笑いを取ったトークや表現をストックしていない

必ず伝えることがあります。実は、「面白くなる」ことは誰にでも可能だということです。面白くなる行為は、「筋トレ」と全く同じです。例えば、正しいトレーニング、正しい栄養バランスを取りながら継続することで筋肉は誰にでもついていきます。それと同様に、面白くなる行為はトレーニングで身についていきます。

筋肉は、自然と蓄積されていきますが、面白さを蓄積していくためには、笑いが取れたフレーズやトークを同じように記憶していく必要があります。そのために芸人はネタ帳を持ち歩きメモをしているのです。

ただ、筋肉がつきにくい人がいるのと同様に、面白くなりにくい人がいます。それは、自分を正しく認識できていない人です。つまり「相手から見た自分を正しく認識してない人」です。そのため常に発言がズレ、笑いが起こらないことが多いです。

3 相手に質問することにブレーキをかけてしまう

弊社の研修の受講者の方で「〇〇なんて聞いていいんですか？ それは失礼にあたらないんですか？」など相手のことを聞くことへブレーキをかけてしまう人がいます。

私が、いつも答えるのは「失礼かどうかは相手が決めること」ということです。当たり前ですが、嫌なら答えません。そして、もう一つ重要なことは聞く前に自分も同じ情報を開示することです。

ただ聞き続けるだけでなく、同じ情報レベルまでしっかりと自己開示することにより相手も話しやすくなります。質問という一つのリスクを取ることであなたは特別な存在になれる可能性が高まります。

ビジネスに必ず使える5つのリアクション

最後に、明日から使える簡単なスキルをお伝えします。営業のスキルで「反応吸収」というものがあります。相手の話を繰り返したり、相槌を打ったりするスキルのことを言います。図4をご覧ください。

図のように5つの相槌を、抑揚をつけて行ったり来たりしているだけで、「あぁ、この人分かってくれているな」と感じてもらえます。お笑いの世界では、このスキルをリアクションと言います。リアクションをしない芸人は、まずいないですよね。

それほどお笑いの世界では、「基礎中の基礎」ということです。簡単にできるにもかかわらず高い効果を発揮します。ぜひ、実践してみてください。

図4　5つのリアクション

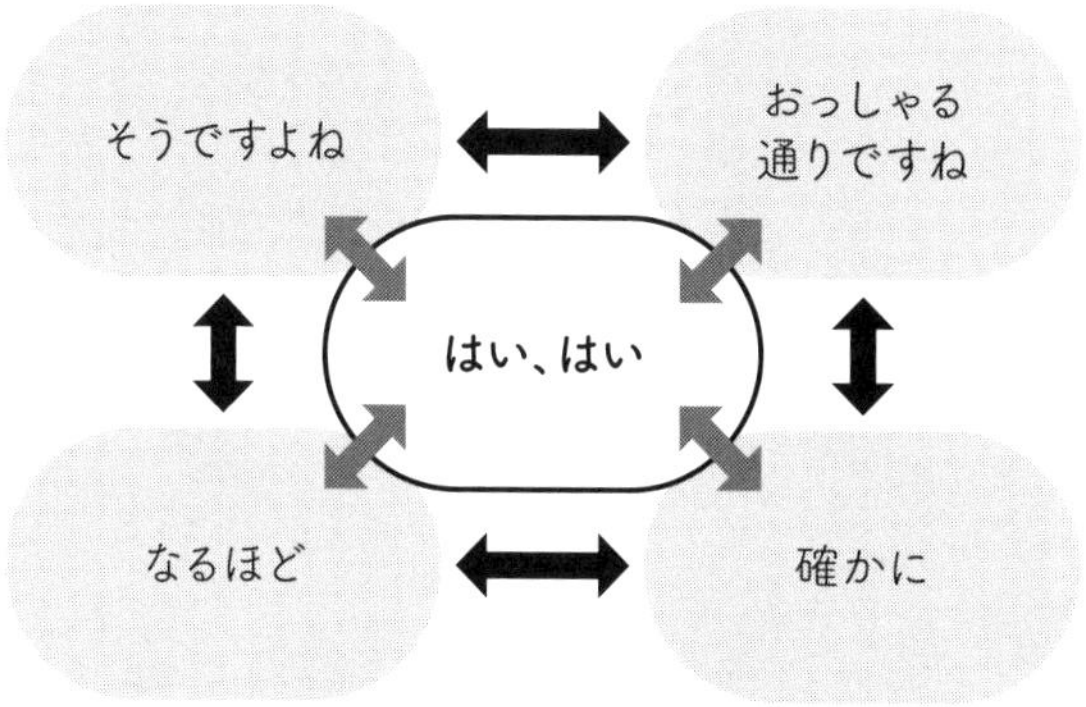

この5つの相槌を**行ったり来たり**
抑揚をつけて話すだけで良い

深田のうまくいかない訪問

深田は、いつもより早めに起きた。昨日から、今日訪問する会社を詳しく調べたため、なぜか緊張で早く起きてしまった。そして、もう一つの理由は……。

「ガー、ゴゴゴー、ピーーーーー」

言葉にならない音を出して、布袋尊がいびきをかいて寝ている。この音を枕元で聞かされる僕の気持ちになってほしい。

心の中で「バチが当たりますように」と祈った。布袋尊を起こさないように、シャツにアイロンをかけて入社祝いに母親に買ってもらったネクタイをした。部屋を出ようとしたそのときだった。

「頑張れよ」

布袋尊の方に目を向けたが、眠っているようだった。

「ありがとう」と小さく呟き部屋を出た。

＊＊＊

初めて訪問した会社では、あまりうまく話せた試しがない。緊張してしまうのもあるし、気まずい空気になってしまうのもある。何より相手に試されている感じがして居心地が悪い。

受付でアポイントを取っている方を呼び出した。部屋に通され打ち合わせスペースで待っていると、担当者の方が来た。

「お待たせしました」。現れたのは40歳くらいの白髪交じりだがシュッとした紳士だ。木下さんというらしい。

さっと名刺を出し「深田敬と申します」と名乗り、相手の名刺を受け取った。肩書きは

「課長」となっている。緊張が増した。木下さんに促されるままに席に着いた。

いつも通りアイスブレイク程度に、「暑くなってきましたね～」などと話していると、木下さんが言葉を制した。

「で、本日はどのようなご用件でしょうか？」

「あ、あの、弊社のご紹介と御社のご状況についてお伺いしたいと思います」

本題へと仕切り直し、話を進めていった。


淡々と会社・商品の説明をしていると、木下さんが場の空気を察してか質問をしてきた。

「深田さんは何年目なんですか？」

「実は、3年目なんです。まだまだこれからという感じです。木下さんはこの会社は長いんですか？」

この糸口しかないと思い木下さんに思い切って質問をした。

「僕は、15年目だよ。新卒からずっとだからね」

布袋尊が言っていた〝反応吸収〟を思い出した。

「そうなんですね。15年も同じ会社にいるなんて本当に自社を愛されているんですね」

「そうでもないんだよ。15年もいると会社のダメな部分も見えてくるというか、大変だよ」

ここだ！

「そうなんですか？　具体的にどんなところですか？」と笑いながら言った。

「具体的に……？　例えば、最近の若手は主体性がないんだよね。昔、僕の若い頃なんて待っていても何も変わらないから、自分で考えて売りに行ったんだけどさ。先輩が教えてくれないとか上司がパワハラだとか、愚痴ばっかりだよ」

深田は、自分も思い当たるフシがあると苦笑いになってしまった。

「なるほど。他社様でも同じような話を聞きます。やっぱり主体性がないとか」

「ちなみに、他社ではどんなことやっているの？」

「他社では」と深田が話し出し、そこからいつもとは違う空気になっていった。最後には、「俺が3年目の頃なんてさ～」と木下さんの3年目のエピソードトークまで飛び出した。

すかさず大笑いをし、和やかに商談が進んだ。

「じゃあ、深田さん、若手に向けてちょうど企画をしようとしていたから、一度提案してもらってもいい？　本当に楽しみにしているよ」

「ありがとうございます！」。満面の笑みで返した。

アイスブレイクの構造を理解する

会社で事務作業を終え、コンビニに寄ってレジ横のチョコを購入して一目散に家に戻った。

「布袋さん、ただいま～」

「今日は、ご機嫌やな。何か、ええことでもあったんか？」

「分かります？」。深田はニヤニヤしながらチョコを差し出した。

布袋尊は、じっと見て袋にしまった。やっぱり食べないようだ。

「顔に書いてある。ええことありました。聞いてください、僕やりました！って」

「実は、初めてのお客さんから『提案して！』と言われました！」

意気揚々と今日の話を布袋尊に話した。

「良かったな～。ええやん。神様冥利に尽きるわ。でもな、安心するんはまだ早いんや」

「え、何がですか？」

布袋尊の目にグッと力が入った。

「アイスブレイクがひどすぎる。本当やったらもっとお客さんのことを知れてたはずや。どうせ、暑いや寒いの話をずっとしてたんやろ？」

「そうですけど……」

「お前な、誰が『暑いや寒い』話を面白いと思って聞くんや？　例えば、営業担当はお客さん先が戦場やとするやろ？　芸人さんは、舞台とかテレビが戦場や。戦場に手ぶらで行くやつおるか？」

「確かに、手ぶらで行くやつはいないと思います……」

「そやろ？　何しに来てん、って言われるやろ？　だからお客さんに最初、話を遮られたんちゃうか？　ちゃんとお土産話を持っていかなあかんねん」

「じゃあ、どんなお土産話を持っていったらいいんですか？」

「ちょっとは自分の頭で考えてみい。また会社の課題を聞いて苦笑いせなあかんぞ」

深田は、「う〜ん」と言いながら首を傾げた。

「また、ポーズだけやがな」

「すみません……」

「しゃーないな。アイスブレイクの前にまず押さえないといけないことがあるんや。そも

図5　笑いのメカニズム

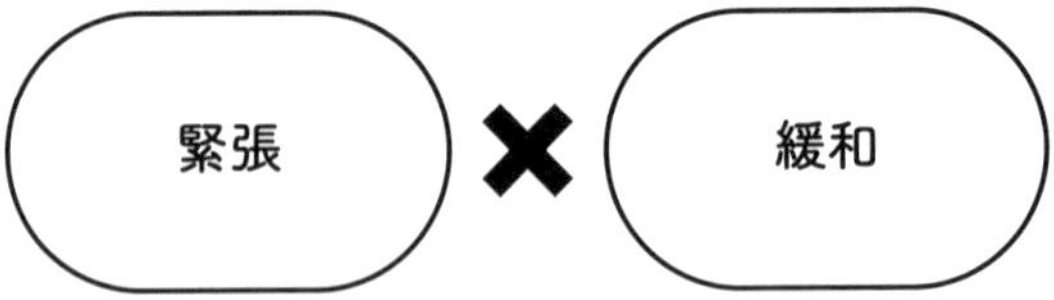

2つのバランスから「笑い」が生まれる

そも、どうしたら笑いが生まれるのか？というメカニズムを理解せんとあかん」

「笑いが生まれるメカニズム……？」

布袋尊は、紙に図を描き始めた（図5）。

「〝緊張〟と〝緩和〟これが笑いのメカニズムなんや。これは芸人さんやったら全員知ってるわ。この構造を知らないと恒常的に笑いを取り続けることは難しいんや。仕事でも一緒やろ？　何となく感覚的に成果を出し続ける人がいないように笑いも一緒や」

「仕事でいうPDCA（計画・実行・評価・改善）みたいな感じですね」

「そうや！　分かってきたな〜」

布袋尊が「例えばな」と言いながら、紙に書き始めた。

- 緊張……お葬式でお坊さんが
- 緩和……屁をこいた

図6　別の言い方

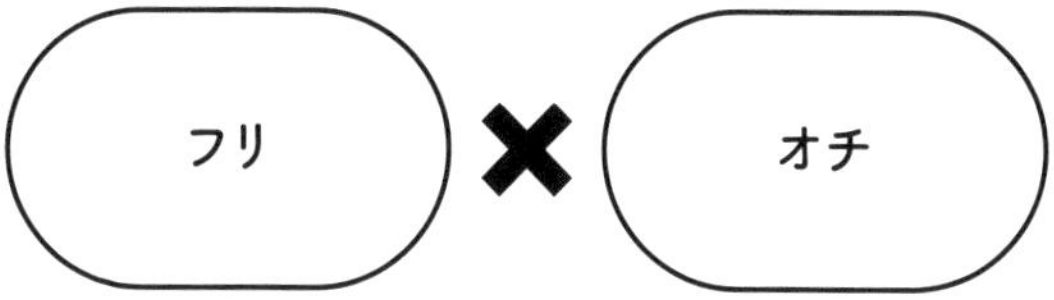

プロの世界では「**フリ**」と「**オチ**」という

「分かりやすく言うとこんな感じやな。この構造は、漫才、コント、落語、全ての笑いに使われてるんや。緊張を緩和させることで笑いが生まれるんや。〝フリ〟と〝オチ〟って言い換えると聞いたことあるやろ？」

「芸人の方が口にしているのを何となく聞いたことがあります」

「フリ＝共通認識、オチ＝裏切りって覚えておくと分かりやすいわ。この〝フリ〟と〝オチ〟は必ずセットで使うんや（図6）。セットで使っていないとどうなるかというと、例えばお前の会社でも偉い人が挨拶する機会あるやろ？」

「あります。社長とか部長が」

「そのときに、『今笑うところだぞ！』って言うて、話を聞いている人が気を使って引きつりながら笑うことあるやろ？　俺はな、それを『笑いのカツアゲ』って呼んでるんや」

「笑いのカツアゲ？」

確かに、無理やり笑えという空気にされている。

「でも何であんな悲惨なカツアゲ行為が起こるかというと、〃フリ〃がないのに〃オチ〃を言ってるから、みんな笑いのポイントだということを気づいてないんや。人によっては聞いてる側の勘が悪いんかな、みたいなこと言うやろ？　あ〜なったら終わりやで」

そう言うと布袋尊は悲しい顔をした。

何か嫌な思い出でもあるのだろうか。

「実は、俺もよくやってたんや。『笑いのカツアゲ』。簡単に笑い取れるからやってたんやけど。ほんで、笑わへんかったら勘悪いな！って突っぱねてたわ。そんなとき、恵比寿さんに怒られたんや。七福神に引き込んでくれたんも恵比寿さんやし、頭上がらんわ。ほんまに……」

布袋尊にもダメな時代があったんだ、と思うとなぜか親近感が湧いた。

「それから俺も改心して勉強したんや。漫才見たり、落語見たり、すべらない話見たり、ほんで一つのトークの構造が見えてきたんや」

そう言って、布袋尊は紙に構造を描き出した（図7）。

トークでPDCAを回す

「これが俺が見出したトークの構造や」

小指サイズしかない布袋尊。それでも明らかに確認できるほどドヤ顔をしていた。

「これがトークの構造？」

「そうや。『枕詞《まくらことば》』→『ディテール（フリ）』→『オチ』→『2度目のオチ』。こういう構造になってるんや」。さらに紙に付け加える。

- **枕詞**……クスッと笑える話のタイトルをつける
- **ディテール（フリ）**……登場人物がどんな人物なのかイメージできるようにする
- **オチ**……登場人物のイメージとは正反対なことを言う（オチにはいろんなパターンがある）
- **2度目のオチ**……1度目のオチに笑いが少ないときのためにもう一つオチを用意しておく

図7　トークの構造を知る

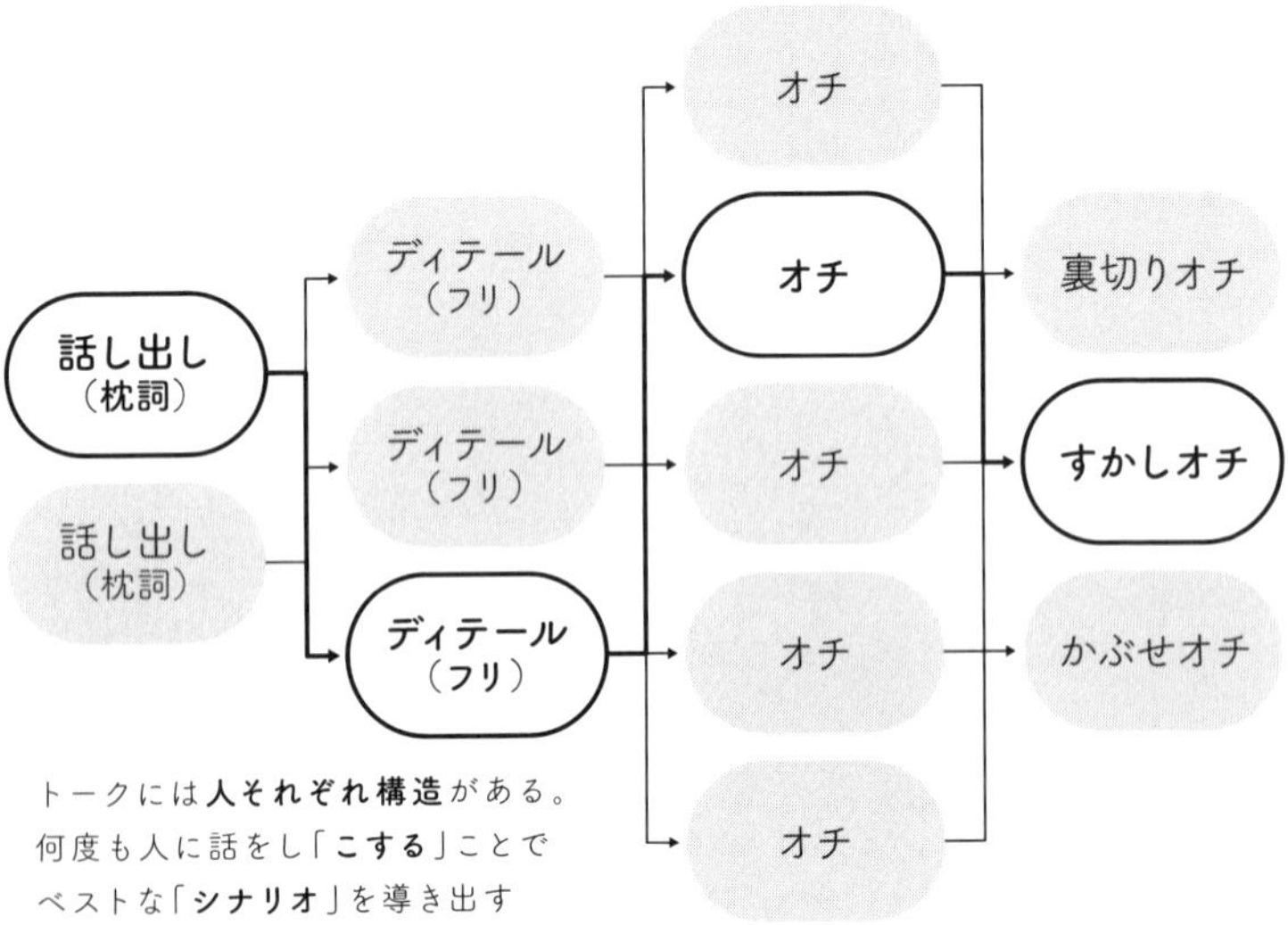

トークには**人それぞれ構造**がある。
何度も人に話をし「**こする**」ことで
ベストな「**シナリオ**」を導き出す

描き終えた後、布袋尊がペンで紙をポンポンと叩いた。

「特に注目してほしいのは、『2度目のオチ』の部分や。そもそもトークの構造として自分たちがすべらないように構造的に工夫を凝らしている、ここが秀逸なんや」

「構造自体がそもそもすべらないようになっている、ってことですか？」

「そういうことや！　しかも、芸人さんは、『枕詞』を変えたり『ディテール』はこっちがええかもと考えたり、『オチ』は……と何度も人前で話をして一番笑いが取れる形に改善していくんや。その改善行動を芸人界では、『こする』って言うんや」

「こする？　初めて聞く言葉です」

「確かにな。言葉自体は初めてやと思う。でもな、これがまさにビジネスで言うところのＰＤＣＡと全く同じ行動なんや」

ただ面白いだけではなく努力の末に身につけたスキルがあるんだということを初めて知った。才能もあるかもしれない。でも、何度も「こする」ことであれだけの笑いを取っているのか。そう考えると、自分は営業に対しても「こする」ことを怠っているのかもしれない。

「よっしゃ、一回やってみ！」

「今ですか？」

「今以外いつがあるんや？　『量質転化』っていうやろ？　量をたくさんやることで、質に変えていくんや。やってみ！」

「わ、分かりました」


【深田トーク】

この前、とても面白いことがあったんです。

「待て、待て！　自分、怖いわ〜。怖くて脇が銭湯のバスマットくらいビチャビチャなったわ。それでは、絶対に笑い取られへんで」

「何でですか？　面白い話をするんだから言った方が良くないですか？」

「真面目なええ子な〜って、アホ！」。布袋尊は続けた。

「相手も面白い話が聞けるって構えるやろ？　めちゃめちゃハードル上がるやないか。しかもや、面白いかどうかは相手が判断することや。面白さをできるだけ匂わせへん言葉を使うんや。例えば『びっくりしたんですけど』『残念な話があって』『腹たって』みたいにするんや。もう一回話してみ」

［深田トーク　2回目］

この前、びっくりしたことがあったんです。

コンビニから黒い服を着てマスクをした人が出てきて、猛ダッシュで走っていったんです。次の日にニュースで見たら強盗が入っていました。本当にびっくりしました。

「それは、ほんまにびっくりするね！って、ほんまにびっくりした話してどうすんねん！

びっくりはするけど面白くないやろ」

「枕詞がびっくりした話だったので、つい……」

「お前は、ほんまに……。でもな、今のはアイスブレイクとしては良い線いってると思う。時事ネタやからな」

「時事ネタですか?」

「そうや。時事ネタいうんはな、ニュースや最近の出来事を使って笑いを生むネタのことや。それでいうと、天気の話とかするやろ? それは、決して間違ってはない。重要なのは、その話の次の展開まで想定しているかどうかや。例えば、俺なら真夏でもスーツの上着を絶対に着ていくんや」

深田は、布袋尊が言っている意味が分からなかった。

暑いのに、何で?

「真夏でスーツの上着を着てたら相手から暑苦しいと思われませんか?」

「それが狙いや。そしたらお客さんに『上着脱いでくださいね』って言われるやろ? そしたら『ありがとうございます。最近、クライアントさんのところに行くときに上着をずっと着ているので暑くて』って言うと、この人はいろんなお客さん先に出向いてるんだ。

いろいろ事例を知っていそう、ってなるわけや」

「なるほど！　わざとやってるんですね」

「当たり前や！　狙いがないアイスブレイクなんて、海外旅行に行ったのにホテルでずっと寝てるくらい無駄な時間や」

「それは、めちゃくちゃもったいない時間ですね……。じゃあ、時事ネタや狙いをつけて話を作ることが重要ということですね」

「もう一つあるんや。実はな、アイスブレイクというのは本題に入った後に活用してもいいものなんや」

「本題から逸れるってことですか？　そんなことしたらお客様は嫌な気持ちにならないですか？　さっきの無駄な話を聞かされているって」

「そんなことはない。例えば、今回の訪問のように途中で『何年目ですか？』っていうのも本題と全く違うはずや。つまり、場が硬くお客さんが本音を喋らないのであれば、あえて『余談ですが』と違う話をするのも非常に効果的なんや」

「なるほど……」

「とっておきの秘密の技、教えたろか？」

布袋尊はニヤニヤともったいぶった。

「え、なんですか？　早く教えてくださいよ」

「それはな、『自己開示』っていう必殺技や。お客さんから信頼を得るためにあえて自己開示するんや。相手が自分を開示してくれると人はな、ついつい同じレベルで自己開示してしまうんや。秘密を共有すると仲良くなるやろ？　あれや。これは社内の関係性でも全く一緒や」

「なるほど。ちょうど明日、社内会議があります」

「一回使ってみ！　よっしゃ！　そしたら練習や！」

「え？　まだやるんですか？」

「当たり前やろ！　筋トレと一緒でトレーニングするだけ筋肉がつくんや。今のお前は、ヒョロヒョロヒョロなわけやからガッツリ筋トレせなあかん」

「ヒョロヒョロって……」

「まぁ、俺のとっておきの話も披露したるでぇ〜」

「分かりましたよ〜」

話のトレーニングは、夜遅くまで続いた。

すべらない話の構造を理解する

エピソードを詰め合わせ、笑いを倍増させる

企業研修を提供する中で、「毎回、同じように笑いが取れない」「話すとみんなが静かになる」など、お客様先だけでなく社内でも同様の課題を挙げる方が数多くいます。私も、同じ状態になったら地獄だなと思う場面ばかりです。

ここで押さえないといけないのは、布袋尊が言うようにすべらない構造を理解する必要があるということです。ストーリーの中で布袋尊が紙に描いていましたが、とても大切な図なので、もう一度掲載します。

実際に今までのトークをこの構造に当てはめて作り変えることも可能となる万能なフォーマットです。図8をご覧ください。

図8　トークの構造を知る

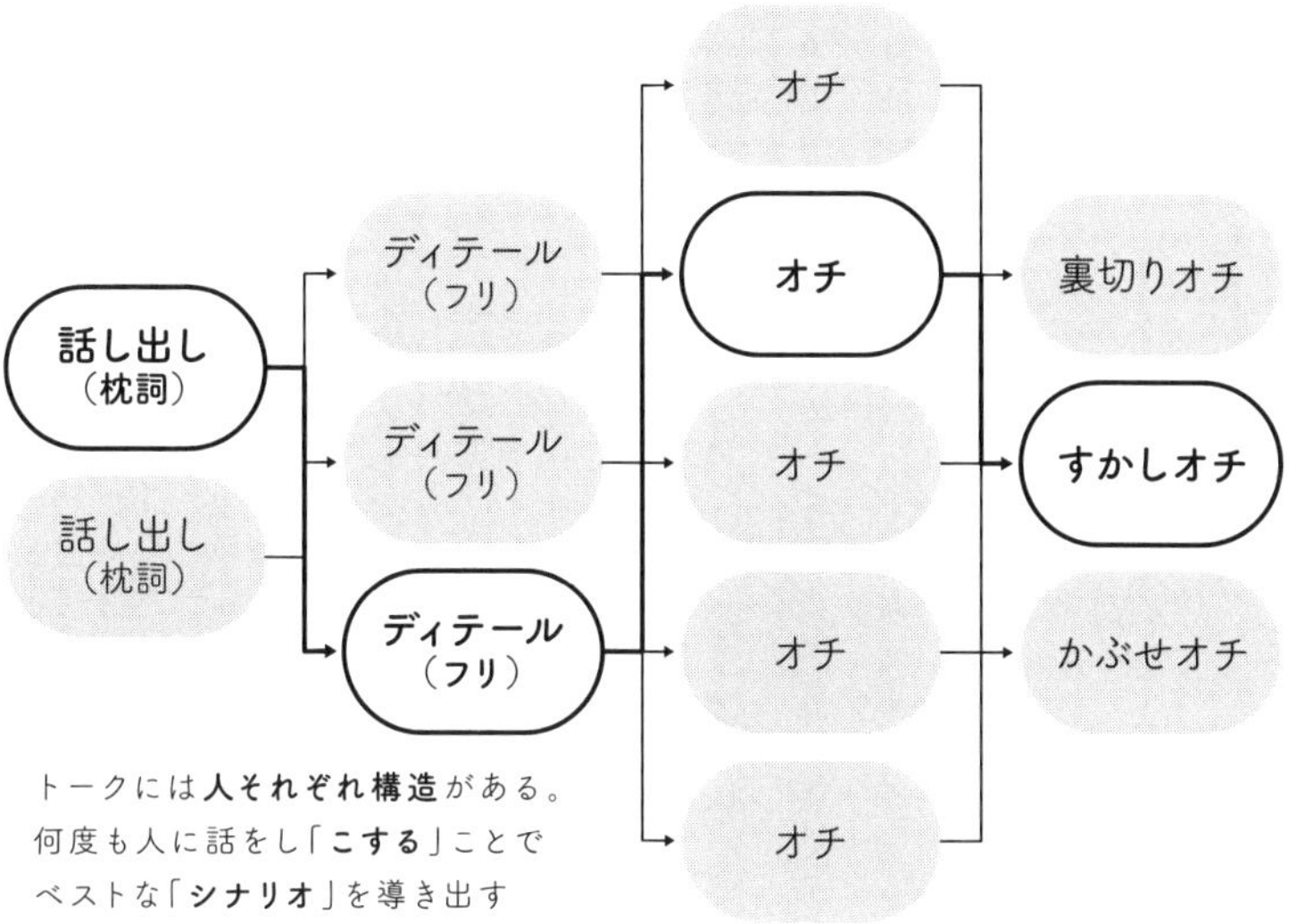

トークには**人それぞれ構造**がある。
何度も人に話をし「**こする**」ことで
ベストな「**シナリオ**」を導き出す

※図7と同じものを使用しています

本文でも紹介した「枕詞」「ディテール（フリ）」「オチ」「2度目のオチ」という4つのステップに具体的にどのように当てはめていくかというと、例えば以下のようになります。

- 枕詞……体重160キロの先輩の話なんですが
- ディテール（フリ）……太っていて体が本当に大きいので駅の階段をのぼっているだけで
- オチ……ヨボヨボのおばあちゃんに「上手にのぼれたね」と褒められるんです。
- 2度目のオチ……あなただけには言われたくないわ、と思ったらしいです。

1つのエピソードだけでは笑いが少ない場合には、何個かのエピソードを詰め合わせて話すことがあります。詰め合わせることで笑いを倍増させていきます。笑いの仕組みから考えて、いきなり大きな笑いは生まれないため、雪だるま的に自ら転がして大きくしていくことが求められます。

例えば同じ160キロの先輩の話にいくつかのエピソードを掛け合わせると、このようになります。

- 枕詞……体重160キロの先輩の話なんですが
- ディテール（フリ）……太っていて体が本当に大きいので駅の階段をのぼっているだけで
- オチ……ヨボヨボのおばあちゃんに「上手にのぼれたね」と褒められるんです。
- ディテール（フリ）……満員電車で座っているとちょうど座席2つ分を使うので迷惑をかけないために事前に切符を2枚買っておくらしいんです。
- 2度目のオチ……満員電車で周囲の目が厳しくなってきたら2枚の切符を印籠みたいに見せるんです。

1回目に書いた話より、少し笑いが増しているのが分かりますか？

豆知識として、一流のお笑い芸人さんにはトークを書き起こして緻密に構成される人もいらっしゃいます。一度、自分のトークの構成を見直してみてください。劇的に変化します。念のためお伝えしますが、こちらの構造はホウレンソウには全く向いていません。芸人から転職したてのときにすべらない話の構造を使って報告をしていたんですが、「この前、お客様先でびっくりしたんですけど」と話し出すと「早く、そのびっくりしたことを言え」とよく上司に怒られていました。

ぜひ、使う場面を見極めてもらえると幸いです。

笑いを生むためには中心を押さえる必要がある

ここまで構造について書いてきましたが「どんなボケがいいのか分からない」という方のためにお伝えしておきます。図9をご覧ください。

まず覚えておいていただきたいことは、物事の中心を理解していることの重要性です。「ボケる」という行為は、中心を「ズラす」ことで笑いを生みます。そして、「ズラし」には順番が存在しています。

例えば、学校でも会社でも面白そうなことを言っているのに全く笑いが生まれない人や、この人は何を言っているのだろう、と笑いではなく相手の頭に「?」を生んでしまう人には2つの問題があります。

1つ目は、急に中心からズラしすぎて伝わらないという場合です。図9にもあるように、「小学生の好きな食べ物はなんですか?」と聞かれたときに、「薬用養命酒です」といきなり言われても、意味が分かりません。伝えるためには、弱いとされる程度のボケを一度挟む必要があります。

2つ目は、お題に対しての中心を理解していないことです。「ボケ」をマスターするには、この2つに尽きます。これを押さえない限り、笑いが生まれたり、生まれなかったりし、常に結果を出せるようにはなりません。

特に難しいのは「ズラし方」です。こちらを習得するには何度も「こする」ことを経験していただくしか方法はありません。

図9　的を外す

Q：小学生の好きな食べ物はなんですか？

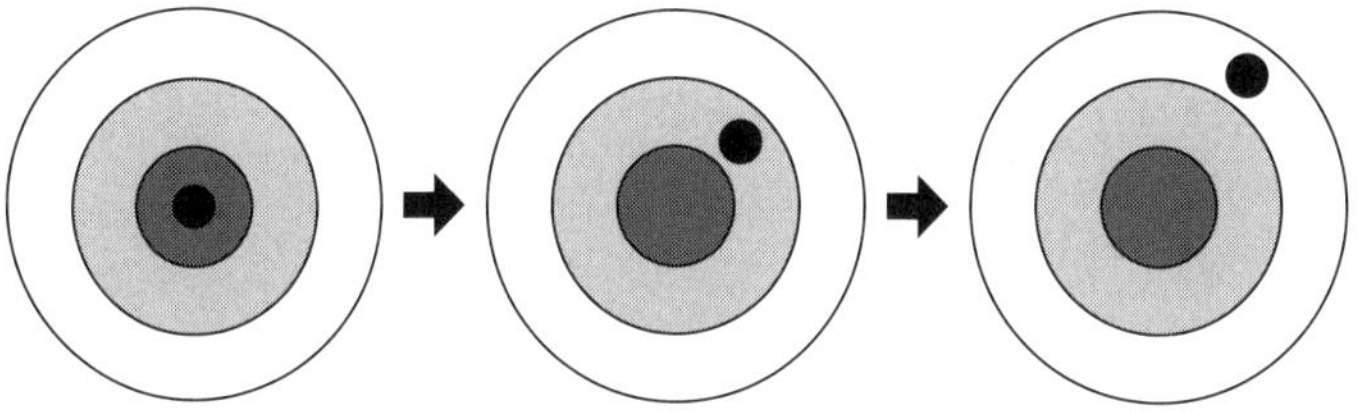
A：ハンバーグです
A：ホッケです
A：薬用養命酒です

中心を理解し**外す**ことで**笑い**を生み出すことができ、
笑いには**表現の順番**がある

出所：『一瞬で相手の心をツカむ！笑いのスキルで仕事は必ずうまくいく』（殿村政明著、2010年、小学館）を参考にして著者作成

また、トークとは「フリ」「オチ」に加え、「間」で構成されています。例えば、芸人さんと全く同じトークをしても笑いの取れ方が違う大きな要因はこの「間」にあります。

芸人さんは、ボケの少し前にボケを際立たせるためにほんの少し無言の時間を設けています。そうすることで、注目を集め、ボケを伝わりやすくしているのです。

これは、一流のプレゼンテーターもやっています。スティーブ・ジョブズが「iPhone」を発表したプレゼンを見聞きしたことがある人も多くいると思います。まだの人は、ぜひ見てほしいのですが、「間」をたっぷり使っています。もし、棒読みのように淡々と話をしていたら、理解しにくかったと思います。

「間」を身につけるために一番早いのは、自分が面白いと思う芸人さんのトークを完全コピーするだけでなく、「間」も同様にコピーすることです。そうすることで驚くべき早さでトークが上達します。

枕詞を活用して相手の本音を引き出す

ここまではトークの構造の話をしてきました。もう一つお伝えしておきたいのが、「枕詞」というものです。

トークの前に「今から爆笑する話をします」と言うと笑わせるハードルが上がってしまいます。そこで「昨日ね」や「ちょっと聞いた話だけど」といった枕詞を活用することで面白い話をすることをあえて匂わせず、ハードルを下げることが大事になってきます。

実は、この枕詞を工夫することでヒアリング力が格段に増していきます。営業はもちろんのこと、社内の調整業務をするときにも非常に役に立ちます。

例えば、お客様に「予算はいくらか」「決裁者は誰か」「競合他社の状況は」など聞きにくい質問があるときに最大の効果を発揮します。効果がある枕詞をお伝えする前に、意外とよく使われているNGの枕詞を紹介します。

【NG例】
●もしよろしければ
●差し支えなければ
●すみませんが

NGの枕詞を使うとお客様に不信感を与える可能性があります。なぜかというと、最初は「これから聞きづらいことを聞かれる」という思考になるため、「教えない方がいいかも」と警戒して、肝心な情報を話そうとはしなくなるからです。

では何を使うと良いのかというと、「ちなみに」です。

「これで⁉」と思った方もいるのではないでしょうか。しかし、この枕詞は凄まじい効果を発揮します。

「ちなみに、予算はいくらですか？」など聞きにくい言葉の前につけて聞いてみてください。すると相手の心理的なハードルがかなり下がります。当たり前のことを聞くかのように聞いてみてください。相手がつい話してしまったり、ヒントのようなことを教えてくれたりする可能性が非常に高まります。

自分大喜利であなただけのボケを考えよう

さて、ここからはボケを作るための練習です。フリ＝共通認識と布袋尊も説明していたと思います。実は、あなた自身にもすでに〝フリ〟が出ています。

例えば毎日怖い顔をしている方がいれば、フリは「怖い顔の人」。髪の毛が薄い人がいれば、フリは「ハゲている人」など、共通認識が存在しています。

今から分かりやすい例題を出します。

大喜利というのを耳にしたことがあるでしょうか？　最近では、「ＩＰＰＯＮグランプリ」など、機会もかなり増えてきたと思います。左のイラストをご覧ください。

ここでクイズです。この人が何を言ったら笑いが生まれるでしょうか？　考える観点は

2つです。

1　この人から出ているフリは何でしょうか？
2　そんなフリが出ている彼が何を言ったら笑いが生まれますか？

【解答例】
フリ＝太っている
解答例1：僕、少食なんですよ
解答例2：ライザップって効果あるんだよね

このようなことを言うと笑いが生まれると思います。太っているというフリに対して、本人が言わなそうなこと＝ズラすこと、で笑いが生まれるのです。

次ページのイラストをご覧ください。

クイズ：この人が何を言ったら笑いが生まれますか？

1 この人から出ているフリは何でしょうか？

2 そんなフリが出ている彼が何を言ったら笑いが生まれますか？

【解答例】

フリ＝お坊さん

解答例1：もう少しでポルシェ買えるわ

解答例2：趣味ですか？

酒、女、ギャンブルです

などを言うと笑いが生まれると思います。それは、お坊さんというフリに対して言わなそうなこと＝ズラすことで笑いが生まれるからです。

次は、最終問題です。

クイズ：この人が何を言ったら笑いが生まれますか？

今までの2つと違い答えが思いつきにくいと思います。それは、フリ＝共通認識となることがないからです。つまり「特徴がない」ということです。

さて、そこで改めてですが、あなたの〝フリ〟は何でしょうか？

これに答えられない人というのは、自己プロデュースを怠っているか、自分の短所を自己開示することに怯えがあります。

短所で「愛される」自分を作ろう

人は「長所で尊敬されて短所で愛される」という言葉があります。この短所は直すべき部分ではなく、自己開示することで人から愛される要素へと変わります。

例えば、誰からどう見てもカツラのおじさんがいます。カツラをつけていることは全く問題ないのですが、隠していることで「カツラ」という単語を使いにくくなります。ちょっと見にくいから前の荷物を「ズラして」と言うだけで、場がピリッとしたり、体調が悪く「頭が痛い」ということすら言いづらくなったりする可能性があります。

でも、カツラをつけている本人が、急に「カツラ」を取り「初めまして！　ハゲでーす!!」と言えば笑いに変わりますし、その人は愛されます。

私にも、たくさんの短所があります。それら短所を自己開示することで人から愛される要素へと変化していきます。最近は、ありがたい話ですが「頭の回転が早いですね」などお褒めの言葉をいただくことが多くなりました。しかし、それはただの勘違いです。僕は、アホだから今やれていると思っています。アホだからできないことを正直に伝え周りの人に助けてもらっています。

僕の通っていた高校は地元で有名な不良高校でした。英語の期末テストはアルファベットの大文字小文字です。みんなセカンドバッグを持ち、バッグの中には、定期券とタバコしか入っていません。教科書を持ち歩く人はいません。

授業中には卒業した先輩たちのバイクが中庭まで走り込んできます。エンジン音を聞くだけで、誰が乗っているバイクなのかを聞き分けられる生徒ばかりでした。ききエンジンです。

バイクで通学すると退学になるので、不良たちは自転車で登校していましたが、不良の全員がゴルフクラブの7番アイアンを持っていました。不良は7という数字が好きだったようです。何に使うねん。全く不良でも何でもない私が、生き残るためにお喋りが鍛えられたというメリットはありました。そんな高校出身なのです。誤解のないようにお伝えしておくと現在では、改善され素敵な高校になっているそうです。

こんな話をするとアホだけど頑張っていると思われます。そして、人から愛されるんです。

あなたの短所は何ですか？　ぜひ短所を自己開示して愛されてください。

第3章 一歩踏み出す勇気を持とう

一世一代のアイスブレイク

「では、今週の営業会議を始める」

川谷部長の号令で今日も営業会議が始まった。週に二度ある営業会議は、案件の進捗と相談や各人の行動量をチェックする目的で開催されている。創立時からずっと、行動量を重ねることが正義としてこのスタイルが脈々と受け継がれてきた。

行動量を算出するために、「逆算思考」を主に使用している。「受注」から逆算して「1日に何件電話することが必要か」まで算出する。会議では、数字達成していないと大抵「行動していないから」という何の解決にもならない結論が出ることが多い。

会議では、すぐに本題に入る。特にアイスブレイクはない。今日の会議も重い空気のまま進行していった。だからこそ、布袋尊に言われた通り、自分の発表の前にアイスブレイクをして空気を少しでも軽くしたい。「布袋さんこれは、相当キツいぞ〜!!」と心の中で叫び続けた。

ふいに「ここだ！」と部長の大きな声が聞こえた。

深田は、どこでアイスブレイクを話すかを意識していたあまり何が起こったか分からなかった。どうやら石野が自分の営業について提案をしたらしい。今までにないほど褒められていた。嫉妬が入り混じった。あの野郎……俺の苦労も知らないで。

一人ひとり当てられながら案件の進捗や行動量の報告をしていく。次は深田の番だった。川谷部長に名前を呼ばれるところで「すみません、ちょっといいですか」と石野が手を挙げた。

「どうした？」

川谷部長が聞いた。

「少しお腹が痛いのでトイレに行かせてください」と言いながら石野がトイレへと向かっ

た。

石野も営業会議にストレスを感じていたのかもしれない。川谷部長の声で一旦休憩になった。

「これは一世一代のチャンスだ！」と拳を固く握った。石野が戻ってきたら僕が当てられる。そこで、普段なら淡々と始まるところ、空気を変えるためにアイスブレイクするんだ！後輩の石野もおそらくストレスを感じている。先輩である僕がアイスブレイクをして空気を一変させてから、案件の進捗や行動量の報告へと入っていく。我ながら完璧なシナリオだ……。


「すみません。中断させてしまって」と言いながら石野が会議室へ入ってきた。

席に着くと川谷部長が「再開する」と伝え、名前が呼ばれた。

「いや、皆さんこの前びっくりしたんですよ」と勇気を振り絞り話し出した。

「友達にみちひろっているんです。ものすごいアホなやつで、みちひろが、Ｓｕｉｃａを忘れてきたので切符を買ったんです。そしたら改札と切符売り場のあの短い距離で、切符なくしたんです。本当に、アホですよね」

会議室にまるで誰もいないかのような静まり返った空気が流れた。明らかに話としては弱い。しかし、布袋尊と昨日練習した話の中で、短い尺の話がこれしかなかった。スローモーションで流れているのかと思うほどゆっくりと時が流れる感覚があった。僕、死ぬのかな……。

周囲は静まり返っているが、急なことでどうリアクションをしていいか分からない空気が漂っている。全員が川谷部長の顔をうかがっている。

「がはははははっ！」。川谷部長がわざとらしく大きな声で笑った。「面白い話だな。俺は、大爆笑だったぞ！」と引きつった笑顔をしている。

あの鬼の川谷部長が笑っている。それどころか、すべっている僕を助けてくれた……？本当であれば、「何を言っているんだ！」と怒られてもおかしくないのに。会議室がざわついたのが分かった。僕だけでなく営業部全体が不思議の国に迷い込んだような違和感を覚えている。部長が何かおかしい。

川谷部長は「本題に戻すぞ！」と言い咳払いをしながら仕切り直し、会議は進行していった。

怒れる川谷部長

川谷は、怒っていた。話は営業部「数字達成お祝い会」の日まで遡る。あの日、山本さつきが深田敬に対して感情をあらわにして怒っていた。川谷の乾杯とともに場が収まり改めて飲み直しとなった。

深田は、川谷のもとまでやってきた。そして飲み直し始めた。よほど悔しかったのか驚くべき速度でジョッキを空にしていった。「飲み足りないいんじゃないか?」と言ってしまったこともありタクシーで送っていかざるをえない空気となった。

石野に手配させたタクシーに乗り込んだ。石野は本当にそつがない。そのそつのなさは可愛げがないとも取れるが。

それにしても私の腕にしがみついている深田はどうしたものか。「なんで部長の私がこんなことをしないといけないんだ」と心の中で強く思ったが、飲ませたこともあり仕方ないと割り切った。深田の家は、「数字達成お祝い会」の会場からタクシーで7分ほどのところだったのがせめてもの救いだった。

タクシーに乗り込むと「川谷部長～、本当にす、すみまへん。迷惑かけちゃって～」、深田のろれつはほとんど回っていなかった。深田は続けた。

「川谷部長は、いつも怖いんですよね。数字、数字、数字。分かるんですけどぉ～、今の時代じゃぁ～、誰もついてこないですよ。部長がいると空気が重くなるんですよね」

「何だ！　その言い方は！　上司に対していう言葉か！」。川谷は声を荒らげた。

「部長のそういう声を荒らげて鬼みたいな言い方、みんな嫌がってますからねぇ～～～。たまには褒めたらいいのにぃ」

何て失礼極まりないやつなんだ。私が、若手の頃は絶対にこんなことはなかった。いくら酔っても絶対に上司に対して失礼な態度を取ることはなかった。さらに言えば、上司に家までタクシーで送らせるなどあってはならないことだ。「いい加減にしろ！」と怒鳴ろうとしたとき、タクシーの運転手が「着きました」と声をかけた。

川谷はお会計を済ませ深田の両脇を抱え、タクシーから降ろした。改めて川谷は肺いっぱいに空気を吸い込み「いい加減にしろ！」と怒鳴ろうとした、そのときだった。深田は「ウエェエエエエェェェ～～～～～～」と大きな音を立てながら豪快に吐いた。シンガポールの有名なマーライオンが見ても引くほど吐いていた。

川谷は、深田のあまりの吐きように怒る気が失せてしまった。深田の背中をさすりながら落ち着かせた。吐いて落ち着いた深田は急に気を使ったのか「ありがとうございました」と言って自分のアパートの方へ千鳥足で歩いていった。

「あいつは何なんだ……」。思わず川谷の口から言葉が漏れていた。ここから徒歩10分のところに川谷の自宅がある。決して大きくはない家だが自慢の一軒家だ。

川谷部長と恵比寿のプロローグ

川谷は、妻と娘一人の3人で暮らしている。妻は、2歳年下で社内恋愛の末に結婚した自慢の妻だ。川谷は正社員として入社して15年間、現在の会社一筋で勤めている。何度か転職しようかと迷うことは正直あった。だが、真面目に、会社に貢献してきた自負もある。

数字に対して厳しくなったのは川谷の元上司の影響だ。川谷の元上司は、現在専務となっている。川谷が3年目の頃、元上司の高木が率いるチームに所属していた。徹底したコントロールマネジメントをベースとして行動量で数字を達成するスタイルだ。そのやり方を今でも全うしている。

川谷は、どこか今の時代や社員たちにそぐわないやり方なのではないかと感じていたが、このやり方しか自分自身も経験したことがなく、改善するための一歩を踏み出す勇気も知識もなかった。

「ただいま～」

玄関を開け、家に帰るも妻と娘からの返事はなかった。すでに眠っているらしい。家に着いた安心感からなのかメラメラと怒りが込み上げてきた。数字すら達成していない深田から言われた言葉を一つひとつ思い出していた。気持ちが昂りすぎて眠れない。冷蔵庫からヱビスビールを取り出し、書斎で飲みながら考え出した。

「ビールを飲むと心が安らぐ～♪」。CMの歌詞を癖で口ずさんでしまったが、こんなに心が安らがずイライラしながら口ずさんだのは初めてだった。

「深田の野郎！　俺の苦労も知らないで！　どれだけチームで成果を上げ続けることが難しいか。今の時代といっても、お前たちが何を考えてるか全く分からん」

グビグビッとビールを飲んだ。

「だいたい、たまには部下を褒めろ、だなんて。俺だって高木専務から特に褒められた経験はないぞ。仕事はつらいものなんだよ！」

ビールを一気に飲み干し、机に置いた。

川谷は、就職活動中に特にやりたいことがあったわけではなかったが、当時部長だった高木と面接で話をした。高級時計に高級スーツ、オールバックでビシッと決めた高木は「バブルの中心にいます」と言わんばかりの姿だった。

高木は仕事が楽しいと話し、キラキラ輝いて見えた。就職活動中は、疲れ切った採用担当ばかりを見てきたが、カッコいいと思える社会人とは初めて出会った。それが入社を決めた理由だ。

入社したばかりの川谷はがむしゃらに働いた。高木部長に教えられた通り、数をとにかく積んだ。川谷は言われた通りにとにかくやった。「まず黙ってやれ！」がモットーだった高木部長の教えをとにかく学んだ。

すると成果が出始め、同期で唯一部長にまで成長することになった。仕事は人生そのものだった。人生を満たしてくれていた。でも、仕事はつらい。いつからこんなことを思うようになったんだろう。

今から理想のチームを作ることはできるのだろうか。今更、どうすればいいですか？と誰かにお伺いを立てられる立場でもない。私はどうしたらいいんだ。もし助けてくれる人がいるんなら助けてほしい……。

目を閉じて天を仰ぎ、声を出した。「チームのみんなが笑顔で働くためには、どうしたらいいんだ。誰か教えてくれ。俺もまた仕事を笑顔で楽しみたいんだ……」

そのまま眠ってしまったらしい。ふと目が覚めた。時計に目を向けた。「4時44分」何とも言えない不吉な数字が目に入った。

「4時44分『し・あ・わ・せ』な数字やな〜。縁起ええわ〜。トレーニングスタートする日にはもってこいやな！」

「え？」

書斎に一人のはずが、聞いたことのない男の声が耳に飛び込んできた。まだ酔っているのかと思い冷蔵庫へ水を取りに行こうと書斎を出ようとした。

「待て！　待て！　どこ行くの〜！　せっかく来たのに〜！」

恐る恐る、声が聞こえる方に目を向けると、ビール缶の前に小さい太ったおじさんが立っていた。左手に鯛、右手に釣り竿を持ち、満面の笑みでこちらを見ていた。

そんなはずはない。こんな小さい太ったおじさん、しかも書斎で釣り竿と鯛を持ってい
る。意味が分からない。こんなやつが存在するはずがない。

「こんな小さいおじさんは存在しない、と思っているやろ～？　存在してるよ。今ここに」

釣り竿でビールの缶をカンカンと鳴らし「ここから抜け出してきたんよ～」と言った。

ビールの缶を見ると、恵比寿がいなくなっていた。そして、全く同じ小さい太ったおじ
さんが目の前に立っていた。

「まさか、恵比寿様ですか……？」

「正解や！　神セブンの恵比寿や！」

「カミセブン……」

「どこに引っかかってるの～。七福神や！　お決まりパターンで神セブンって言わなあか
んルールやねん。ちなみに、呼び方は恵比寿さんでええよ～。親しみを込めてほしいタイ
プやから」とニコニコと満面の笑みを川谷に向けた。

「よっしゃ、早速トレーニング始めるで！　まずな、兄さんはな」

「ちょっ、ちょっと、待ってください！　トレーニングって何ですか……？」

「はぁ。こういうやりとりは、もう撮れ高十分やから説明するだけ時間の無駄なんやけど」

「いやいや、撮れ高って意味分からないこと言わないでください。トレーニングって何するんですか⁉」

恵比寿は大きなため息をついた。

「決まってるやん！　チームに笑顔を増やせるトレーニングや！　お前が『誰か教えてくれ』って言うから釣りの合間に抜けてきたんやん。ほんまに、あとで鯛を冷蔵庫入れといてな。腐るし」

「いや、え、恵比寿さんにそんなマネジメントみたいなこと教えられるんですか……」

恵比寿の目がギロリと鋭くなった。

子供のように頬に空気を入れてムスッとした顔をした。

「兄さん、舐めてもらったら困ります。僕はね、七福神という個性のゴリゴリに強いチームをマネジメントしているんやで。しかも、みんなめっちゃ笑顔やろ」

川谷は「確かに」と妙に納得感があった。七福神のメンバーの苛ついている顔は見たことがない。みんな恐ろしいほど笑顔だ。

「あんな、兄さんが毎回やっている『詰める』ってアプローチあるやろ？　あんなもん絶対やったらあかんで。このままそのアプローチを続けると必ず手遅れになるんや。壊滅するで」。恵比寿の目がぼんやりと光っているように見えた。恵比寿には、営業チームが壊滅する未来が見えているんだろうか……。

無力を学習するサーカスの象

「なんで壊滅するかというとな、サーカスの象の話知ってるか？」

「えー……いや、分からないです」

「ほな教えたろ。サーカスの象は、子象のときに足首を木の杭に鎖で繋がれる。子供の象やから逃げようとしても逃げられへん。月日が経って大人の象になったときに力持ちやからいくらでも逃げ出せるはずやのに鎖を足首にハメられているだけで逃げないんや」

「何でですか？　逃げたらいいじゃないですか⁉」

恵比寿はブルブルと首を左右に振った。大きな耳たぶと、頬の肉がゆれた。

「『学習性無力感』って言うんや。『どうせやっても無理だ』って無力であることを学習し、考えることをやめてしまうんや。兄さんが、やっていることと一緒や。メンバーを否定して、いかに無力であるかを学習させている行為なんや」

そのやり方しか知らなかった。でも営業部のメンバーはどんどん無力を学習し考える力を失い続けている。自分のやり方がそんなにも間違っていたなんて気づきもしなかった。深田もその一人なのかもしれない。川谷は恵比寿に迫った。

「じゃあ、どうしたらいいんですか？　私に一体何ができるんですか？」

川谷は涙目になり恵比寿に訴えかけた。藁をもつかむ思いでいたら恵比寿が現れた。チャンスを逃すわけにはいかない。

「と、その前にや、そもそもトレーニングは受けるんか？　そこはっきりさせてもらわんと、僕も教えがいってものがないからさ。やるんか、やらんのか、どっちや？」

「やるに決まってるじゃないですか!!　本当は私だって営業部のメンバーが笑って過ごせるチームを作りたいんです！」

恵比寿は釣り竿を8の字にビュンビュンと振り回した。手に持っていた鯛が宙を舞いながらキラキラと輝いていた。恵比寿はさらに大きく息を吸い込んで言った。

「こ・こ・ろ・え・た〜〜〜〜〜〜〜〜！」

部屋がビリビリッと震えるほどの振動があった。妻や娘が起きてこないか心配になったが、恵比寿の言葉が気になってそれどころではなくなっていた。

「ふぅ〜〜〜っ」と息をつき仕切り直すように恵比寿はこう答えた。

「まぁ、簡単に言うと心理的安全性を担保してあげたらええわけや」

「心、心理的安全性……」

急に難しい言葉が飛び込んできたので川谷の頭は少し混乱した。恵比寿が分かりやすく丁寧に話し始めた。

「グーグルってあるやろ？　あのグーグルちゃんが自社の情報サイト『re: Work（リワーク）』で発表した『チームを成功に導く5つの鍵』っていうのがあるんや。その1つ目の鍵のことを心理的安全性っていうわけや。この心理的安全性っていうのは要するにチームのメンバーが『ここにいてもいい、存在を認められている』って思える状態のことを指しているんや」

川谷は、頭の中で営業部のメンバーに対する普段の関わり方を思い返していた。「確かに営業部で『ここにいてもいい』、そんな風に思っているメンバーは少ないかもしれない」

「じゃあ、兄さんよ。ここからが本題や。では、どうしたらチームのメンバーの心理的安全性を担保してあげられると思う？」

「そうですね……詰めないってことですか？」

「そりゃそうや。当たり前や！　そんな当たり前のこと言ったら兄さんも『恵比寿、お前！』って腹たつやろ⁉　もっと簡単な方法があるんや。それはな……」。恵比寿は間をふんだんに使い答えた。

「すべらない話」に学ぶ出演者を尊重した仕組み

「『笑う』ってことや」

「笑う？」

「そうや。テレビ番組の『人志松本のすべらない話』って見たことあるか？　僕な、あの番組大好きなんやけどな」

「あります。妻が好きで一緒に見ています」

「愉快な夫婦やのう！　あの番組はな、心理的安全性を説明するときに本当に最適な番組や。例えばや、出演者がすべらない話を披露した後、聞いている人たちがするリアクションってもんがあるんや。それは何か分かるか？」

川谷は首を傾げながら考える人のポーズをとった。そして小さい声で「あっ！」と閃いたような声を出した。そして答えた。

「分からないです」

「分からへんのかい！　思いついたような仕草すんなや！」

「す、すみません」

「頼むで。何をするのかというと、1つ目は『すべらんな〜』とホストの松本人志さんが全体へ伝える。2つ目は、全員が笑う。この2つをすることにより、出演者は自分の話が面白くて価値があると認識するわけや。だからさらにモチベーションを上げられるし、安心して話ができるわけや」

私は、会議のホストとして一度でもモチベーションを上げられる言葉を発したことがあっただろうか。たまには言っていたかもしれない。ただ、思い返せないほどで、日常的に意図して言ってはいない。

「まぁ『すべらんな〜』ってそんな言う機会ないやろうから『いい意見だね』とか『その

案もあるね』とかに言い換えて使うとええわけやな。そうすると意見が言いやすなるやろ」

「なるほど、できる限り褒めるようにします」

「そうや！　ええ心がけやで。もう一つ『笑う』についても言うとくわ。兄さんは、最近、爆笑した？」

思い当たることがなかった。そういえば、10歳の娘が小学校で男子から告白された話を聞いたのを思い出した。父親として何とも言えない気持ちになっているところを妻から「あなた何て顔しているの？」と言われて苦笑いしたくらいだ。

「あのさ、回想してるとこ悪いんやけど、絶対ないって顔してるで。兄さんは、鬼みたいな顔しているって部下も言うてたから『笑う』練習した方がええよ」

「確かに深田という部下にも言われました。でも、何で知ってるんですか？」

「僕、一応神様やからな。だいたいそういう情報は調べなくても分かるんや。まぁ、布袋尊も向こう行ってるし」

「布袋尊……？」

恵比寿が「ちょっとまずいぞ」という顔をした。

「いや、それはええわ。ほんでや!!　紙とペンを貸して」

語気荒く、話題を断ち切るように本題へ戻った。

爆笑は分解すると9つのステップになる

「今から笑いの練習をしよか。普段から笑ってない兄さんみたいな人が笑うとするやろ? そうすると顔が不気味になるから絶対笑いの練習をした方がええんよ」

恵比寿は、全身を躍動させさらさらと紙に描き出した(図10)。

「これ見てみ! 爆笑っていうのは分解すると9つのステップになるんや。この9つのステップを続けて行うと、爆笑してるみたいに見えるんや」

生まれて初めて見たステップだった。そもそも、爆笑の所作を分解しようと思ったことがない。

「ほな練習するで!」

「練習……ってこれをですか?」

「そりゃそうやろ~!? 通信教育で空手習って達人になるやついるか? コミュニケーションは、実践の中で身につけていかんと! せ~のでいくぞ。せ~の!」

図10　爆笑の仕方

①手を叩く	⑥引き笑いにする
②顔をくしゃくしゃに	⑦はー。と一息つく
③目を閉じる	⑧やばい。と表現する
④手を胸に当てる	⑨面白いことを伝える
⑤声を出さない	

川谷は顔を引きつらせながら9つのステップ通りに笑って見せた。

「あはっははっはは!!」。恵比寿は小さい体をよじらせながらゲラゲラと笑っていた。「兄さんの笑顔、不気味やな」と言ってまた体をよじらせた。

「もういいです。寝ます。やっている効果も分からないし」

川谷は明らかに不機嫌な態度を示した。

「ごめん、ごめん、笑いすぎたわ！　効果ね、教えたるわ！　実はな、人の感情っていうもんは、相手の感情に共鳴して同じ感情を引き出す特性を持ってるんや」

「同じ感情を引き出す？」

「そうや！　簡単な話や。例えば、満員電車でイライラしている人見たらイライラするやろ？　他にも、夏の風物詩で怖い話をする人が『怖いな〜、怖いな〜』ってめちゃくちゃ言うやろ？　何で『怖い』ってあえて口にするかというと聞いている人の恐怖心を引き出そうとしてるんや」

「では、笑っている人を見ると笑ってしまうということですか？」

「よっ！　さすが部長や！　部長まで上り詰めたゆえんやな！　その通りや。だから、笑っている必要があるんや」

さっきイライラした態度を取ったからなのか露骨にヨイショをしてきている。でも、確かに恵比寿の言うように、職場で笑っている人がいると、空気が明るくなる。一方で、怖い顔の人がムスッとした顔で仕事をしていると圧迫感を覚えるときがある。専務の高木がまさにそうだった。

川谷が若手だった当時は騒がしく意見が飛び交う職場だったが、高木が出社してくると誰も話をしなくなり職場が静まり返った。もしかすると、私が出社して会話がなくなるのもそのせいなのだろうか。

雑談が多い職場よりは静まり返っていた方がマシか、と自分を正当化しようとした。すると全てを見抜いているかのような顔で恵比寿がじーっと見つめている。ゆっくりと口を開いた。

「雑談が多い職場の方が生産性が高いって研究結果もあるでぇ〜。だから兄さんがやってることは絶対におかしいでぇ〜」

ドキッとした。恵比寿は心が読めるのだろうか。

「普通に考えて、雑談が多いと仕事が進まなくて生産性が落ちると思いますけど」

生産性を高める「スカブラ」

「そんなことないんや。昔な『スカブラ』って職業があったん知ってるか？」

「スカブラ……」

「そうや。炭鉱現場ってあるやろ？　あそこってごっついストレス溜まるやろ？　いつ崩れてくるかもしれへんし、暗いし、汚れるし、肉体労働やし。そこでな、炭鉱現場で働く疲れてる兄ちゃんたちに卑猥な話とホラ話をして息抜きさせる職業があったんや。それを、スカブラって言うたんや」

「そ、そんな独特な職業があったんですか」

「そうや。でや、炭鉱事業が下火になっていったときに真っ先にスカブラの兄ちゃんたちがクビにされたんや。そりゃそうやわな。卑猥な話とホラ話しかしてへんのやから。でもな、それが大きな間違いやったわけや」

大きな間違い⁉　何の間違いがあるんだろうか。ただの盛り上げ役を切ったところで何の影響もないのではないか。川谷はゴクリと唾をのみ聞いた。

「大きな間違いとはなんですか？」

「それはな『スカブラ』がいなくなってストレスの捌け口なくなってしまい、士気が落ちて、チームの関係性も悪くなり生産性が落ちてしまったんや」

「な、なるほど」

「映画の『釣りバカ日誌』なんて典型的やな。釣りしかしてないハマちゃんをクビにしないんや。どう考えても働かず釣りしかしてないんだからクビしても良さそうなもんやろ。引き出し、ルアーしか入ってへんし。でもな、クビにしないんや。彼がいると職場が明るくなるんや！」

昔あの映画を見たときに私も思った。何でこの人はクビにならないんだろう。確かに特殊なケースかもしれないが、関係性という側面で見たことはなかった。

「兄さん、今日のスケジュールはどうなってるんや？」

「社内で営業会議が入っています」

「じゃあ、早速『笑う』ところからやってみたらええわ」

「分かりました」

出社時刻まで練習は続いた。

人は簡単に変われない？

「いやや！　リビングでゆっくりしたいわ〜」

恵比寿が、大声で駄々をこねていた。

「わがまま言わないでくださいよ」

「どこがわがままなんや。神様を書斎に監禁するなんて聞いたことないで！」

「家族が見たらびっくりしちゃうじゃないですか。バレないようにここにいてくださいよ。お願いしますよ」

恵比寿はリビングでゆっくりしたいと言っている。でも、小さい太ったおじさんがリビングでテレビを見ていたら家族が驚くどころではない。

「僕はそもそも人に好かれているから神様になってるんや」

「僕に会える機会なんて、滅多にないし本当に良い機会になる」

「僕は神様やから人の記憶くらい消せるし大丈夫や」

「もう何でもいいから部屋から出してくれ」

いろんな論法で攻めてくる。しかし、頑なにイエスと言わなかった。記憶を消すなんて物騒なことを大切な家族にされたらたまったものではない。

「恵比寿さん、勘弁してください。このiPadを貸しますし、お土産だって買ってくるんで本当にお願いします」

「はいはい。分かりました。ここにいたらいいんでしょ。でも、お土産は絶対に買ってきてや。お供え物を買ってこなければバチが当たるぞ」と言うと恵比寿はニヤッと不気味に笑った。ゾクッと体に悪寒が走った。

「分かりましたよ！　絶対です」

書斎の机の上に恵比寿がゆっくりできるようにクッションを用意した。

準備を整え、まだ眠っている妻と娘の顔を見に寝室へと向かった。「お父さんは変わってくるよ」とボソッと呟く。妻から「いってらっしゃい」と小さな声が聞こえた。

「ありがとう」と呟き家を出た。

4時44分から起きていることもあり目が爛々としているのが分かる。いつもより会社に早く着いた。オフィスにはまだ人が来ておらず静けさを帯びていた。早起きしたからなのか、頭はいつもよりクリアーな感じもある。「早起きは三文の徳ってこういうことかな」と他愛ないことを考えながら仕事を進めていた。さて、今日の営業会議の準備でもしようかな。すると、話しかけられた。

「おはようございます。川谷部長、昨日は大丈夫でしたか？　深田くんを任せてしまってすみません」と山本さつきが心配そうに話しかけてきた。

「大丈夫だったよ。ちょっと大変ではあったけど」

「何か、大変なことがあったんですか？」

「いや、大丈夫だ」

正直、大丈夫ではなかったが話せば長くなるし強引に話を終わらせようとした。元はと言えば、この山本さつきが深田を怒らなければ昨日の全ての出来事は起こらなかったのに。苛立ちもあるような、感謝もあるような複雑な気持ちになった。

「そうですか……。あと、招待していただいて参加した会だったのにご迷惑をおかけしてすみませんでした」と山本さつきは深々と頭を下げた。

「いや、もう大丈夫だから。山本さんのおかげで私もいい勉強になったよ。この話はこれで終わりだ。また営業部の飲み会にも参加してくれ」。そう言うと川谷は自分のパソコンへ目線を戻し作業を始めた。

山本さつきは、頭を下げて自分の席へと向かった。山本の後ろ姿を目で追いながら「深田と違って本当にできた子だな」と心から思った。

続々と営業部の人間が出社し始めた。時計を見ると8時45分「もうこんな時間か」と思いトイレへ向かおうとする。

営業会議は始業時刻9時からいつもスタートしている。遅くとも15分前には全員が出社していることが暗黙の了解としてある。

「川谷部長、昨日は大丈夫でしたか？」と声をかけられた。振り返ると石野だった。気遣いも大したもんだな。

「あぁ、大丈夫だったよ」

「そうですか。良かったです。お任せして申し訳ありませんでした」と伝え、石野はそそくさと自分の席へと向かった。

会話のキャッチボールが続かない。あれ？　私は、話しづらいのだろうか。トイレで用を済ませオフィスに戻ると、出社時間ギリギリになって走り込んでくるやつがいた。深田だ。肩で息をしながらタイムカードを切っている。昨日の怒りが込み上げてきた。しかし、恵比寿に習った通り、怒らず一言伝えるのが正しい判断だ。気持ちを整え話しかけた。

「深田、社長出勤か？　飲み会の次の日だからこそ、早く来いよ！」。笑顔で話しかけるつもりが顔が引きつり嫌味なことを言ってしまった。私も、よく上司の高木に言われていたのを思い出した。

「すみません」と呟き、深田は強張った表情で会議室へと急いで向かっていった。私にあんな憎たらしいことを言ったのを覚えていないのではないか？　それにしても、あんな怯えた顔をしなくてもいいじゃないか。私は、みんなにどう思われているんだろう。

「詰めて」しまう会議の実態

川谷の号令で営業部の会議が始まった。営業全体の数字報告を終え、各個人の進捗状況の報告が始まった。メンバーのほとんどが数字を達成している中、深田だけは手こずっているようだった。

「なぜ、お前は数字が稼げないのか？」という問いを深田に投げかけた。改めて自分の改善点を考えてほしいという意図があった。深田はダラダラと言い訳がましいことを言い出した。

「お客さんのキーマンに会えてないから」「課題を聞いても課題を持っていない」「テレアポのリストの質が悪い」など、他責とも取れる発言ばかりしている。何なんだこいつは。愚痴ばかり。自分を改善するという意思はないのか？　自分の営業力やお客様への対応への改善点は出てこないのか。我慢の限界がきた。

「おい！　深田！　お前は入社してから一回も数字達成してないいな！　どうしたらいいか言え！　分かってんのか？」

改めて出た意見にも納得感はなかった。それでも川谷は「考えろ！」と何度も深田に詰め寄った。深田は、「すみません」としか言わなくなってしまった。川谷は、深田の「すみません」に対してもイライラとした。「本当に分かっているのか？」とまくし立てた。

ふと気がつくと、会議室は重たく不穏な空気をまとっていた。川谷はハッとした。「私は、またやってしまった……」。深田だけでなく営業部全体の士気が明らかに下がっていた。いつもであれば徹底的にやるが、恵比寿の言葉を思い出した。

「このまま続けたらチームが壊滅する」

川谷は、血の気が引いていくのを感じた。どうしたらいい？　何とか言葉をひねり出すんだ！

「まぁ、次回も頑張ろう。深田、誰かの営業の方法を勉強してみろ」

そして、出勤時刻まで練習した笑顔を作ろうとした。ただ、どう考えてもうまく笑顔を作れているとは思えなかった。今後の方針を発表しそそくさと営業会議を終えた。

川谷は、悶々としながら席へ戻った。自分でやると決めたのになぜ実践できなかったのか、心理的安全性があるわけがない……。そんな言葉が頭の中をぐるぐると回っていた。

「川谷部長」

石野が話しかけてきた。

「どうした？」

「体調でも悪いんですか？　ちょっと顔が引きつっていたので」

川谷は絶句した。笑顔が不気味に映るどころか体調を心配されている？　情けない。私は、笑顔すらまともにできないのか。

「いや、大丈夫だ。ありがとう」

そう答えると石野は「そうですか」と返し、席へと戻っていった。私は、一体どう見られているんだ。

「経路依存性」という呪縛

仕事を済ませ家路に着いた。恵比寿と約束した通りお土産を買っていくことにした。神様に渡すお土産は何がいいかと考えた結果、接待などで買っていく1万円ほどする高級和菓子を買った。さすがに、ここまでして文句は言われまい。

家に帰り「ただいま」と言いながら玄関を開けた。娘が走り寄ってきた。抱きかかえリビングまで行くと、妻が料理を作っていた。「そのお土産、何？」と聞かれ「あぁ〜、これは明日取引先に持っていくんだよ」とごまかした。

「あらそう。ご飯は今出しちゃうね」

「いや、ご飯は後でいい。ちょっと仕事を済ませてからにするよ。先に食べててくれ。洗い物は俺に任せてゆっくりしてくれていいから」

「そう。あんまり無理しないでね」

そう伝えると書斎へ向かった。書斎のドアを開けると恵比寿がクッションの上で正座して真っ暗な画面のｉＰａｄを睨みつけていた。

「あの、何してるんですか？」

恵比寿の肩はワナワナと震え、明らかに怒りをまとっていた。

「お前、パスワード教えへんかったやろ」

「あっ……神様だから分かるかと思ってました……」

「分かるか‼　ボケ‼　めちゃめちゃ暇やったやないか‼」と言うと釣り竿を振り回し、

私の頬をパシンと張った。

「痛い！　痛い！　すみません!!」

川谷は頬をさすりながら「すみません。うっかりしていました。これお土産です」と買ってきた高級和菓子を自信ありげに渡した。

「ほぉ、和菓子か」

「接待でも使う高級な和菓子です。お口に合うかどうか」

「これはなんで買ってきたんや？」

「なんで？」って何だろう。値段も高いし、今までいろんな人に渡してきたが全員が喜んでいた。だから買ってきたのだが他に何か理由がいるのか。

「はぁ～、兄さんはほんまに分かってへんわ。このお土産を買った理由は、どうせ『高級だから』とか『みんな喜ぶから』とか、この程度のことやろ？」

「そ、そうです」

ズバリ言い当てられてしまった。恵比寿は心が読めるのか。

「やっぱりそうか。今の話が全部物語ってるわ。『みんな』がって誰のこと言ってるの？そうじゃなくて個々人違うわけや。その前提に立って考える必要があるわけや。成功体験にとらわれすぎや」

その通りだ。安易な理由で決めてしまったことに申し訳ない気持ちになった。「すみません。では、また違う物を後日買ってきます」と伝えお土産を引こうとすると、恵比寿の小さい手がぬっと伸びてきてお土産をガッチリ両手でつかんだ。

恵比寿は目を合わせずにボソッと言った。

「まぁ、これはもらっておくけど」

「いや、もらうんかい！」と思ったが小さい声で「どうぞ」と言って手を離した。

恵比寿は、高級和菓子を1つ箱から取り出し、机の上に置いた。そしてジッと見つめると上着の内ポケットに入れた。

「え？　食べないんですか？」

「当たり前やん。お供え物は見て終わりや」

神様の常識って何だろう。何のために高級和菓子を買ってきたんだろう。唯一の救いは、お菓子の詰め合わせだったことだ。一息ついたように恵比寿が話し出した。

「ほんで今日は、どうやったんや？　会社では『笑顔』でいれたか？」

川谷は、今日の出来事を洗いざらい話した。うまく笑顔が作れないこと。ついつい嫌味を言ってしまったこと。会議でまた詰めてしまったこと。笑顔でいたら体調を心配されたこと……。

恵比寿は、川谷の話の途中からクッションの上で笑い転げている。

「腹痛い！　あははは！　腹痛い！　兄さんの笑顔は不気味を通り越して体調不良に見えるんや。腹痛いわ！」

笑い転げる恵比寿を見ながら「何なんだ。この失礼な生き物は」と無性に腹が立ってきた。一方的にズケズケと言うばかり、何だこいつ。

「恵比寿さん、こっちが真剣に悩んでいるのに茶化して面白いですか!?　失礼じゃないですか。私だって好きで嫌味を言ったわけでも、笑顔が不気味なわけでもないんですよ。私は変わりたいんですよ！」

水がグラスから溢れるように感情が溢れ出てくる。

「変わりたくて研修だって受けたこともあります。コーチングとか部長の役割とか、いろいろ受けても全然効果が出ないし、どうしたらいいんですか」

恵比寿は、ニヤッと笑いながら話し出した。

「ええやないか。やっとビジネスマンの仮面が剝がれてきたな。今の兄さんには『こうあるべき』が顔には張りついてる。そしてそれを人にも押しつけてるんや。あんな、人はなかなか変われへん」

私は、営業部のメンバーに押しつけてしまっているんだろうか。

「ちなみにな、兄さんが変われへん理由はな」恵比寿は、紙とペンを取り出し「経路依存性」という見慣れない言葉を書いた。「これ聞いたことあるか？」

「ないです」

「一概に理由はこれだけというわけではないが、兄さんの場合はこれが大きいな。経路依存性というのはな、端的に説明すると上司の高木くんに育てられてきたことをそのまま部下にもやってしまうってことや」

確かに、思い返すと上司の高木に受けてきた指導と同じことをしている。

「これはな、『嫌だな』『やめてほしいな』って思っていたところまで真似てしまうんや。兄さんも『嫌味だな』って思ったはずやのに伝えてしまってるやろ？　これが兄さんの変わらない実態や」

「でも、それでも僕は育ったんです」

「そうや。兄さんは育った。兄さんには合ってた。でも、一人ひとり個性が違うんや。お土産の話も一緒やで。『この人はどうしたら喜ぶんだろう』、その言葉が『この人はどうしたら成長するんだろう』って問いに変わっただけや」

ぐうの音も出なかった。頭では理解しているつもりが自分の行動はまるで違っていた。

「自分はチームのみんなが笑顔で働くために部長でいるべきではないかもしれないですね」

「兄さん、おめでとう!!」

「な、何がですか？　何もおめでたいことなんてないじゃないですか！」

「人が変わるための一歩は、自分を認識することや。それでやっと葛藤が生まれる。偉大な一歩を踏み出したやないか！」

偉大な一歩なのだろうか。何とも複雑な気持ちになった。

「あとは、悲観的になりすぎない方がええで。ダメな面も愛すべきところやし、良い面もあるから部長にまでなっているんや。奥さんは、一緒の会社出身なんやろ？　働いているとき、どんな印象だったか聞いてみたらもっと自分を知れるんちゃうか？」

「え？　妻に聞くんですか？　なんか照れ臭いというか……」

コンコンとノックとともに、妻がドアを開けた。

「あなた大丈夫？　ご飯は？」と心配そうに声をかけてきた。

何というタイミングだ！

川谷は、一瞬固まった。恵比寿が机にいるのをどう説明したらいいのか。

恵比寿の方に目をやると、恵比寿の姿は消えてなくなっていた。

「あれ⁉」

「あなた聞いてる？」

「あぁ、大丈夫だ。明日の仕事をどうしても終わらせたくて……」

「そう。無理しないでね」と言うと妻は部屋を出ていこうとした。

川谷は、恥ずかしさをこらえて呼び止めた。

「あのさ、俺と一緒に働いているときに俺のことどう思っていた？」

「何、急に」

「頼む。教えてほしいんだ。もっと営業部をいいチームにしたくて」

妻は照れ臭そうに話し出した。

「う～ん。一生懸命で真面目。自分に厳しくて人にも厳しい。だからあなたに怯えてる人も多かったと思う」

「そうか……」

「でもね、あなたみたいに仕事に一生懸命になっている人に憧れるって若い子も何人かいたわよ」

自分の努力が認められているような気がした。全てが無駄ではなかったと胸をなでおろした。川谷が「ありがとう」と伝えると妻は部屋を出ていった。緊張から解放されたように急に体の力が抜けた。

「良かったやん！　兄さんは頑張っている。もっとより良いチームを作ろうや」と声がした。目を向けると恵比寿がクッションの上に座っていた。

「急にいなくなったり、現れたりどうなってるんですか？」

「神様やから姿くらい消せるやろ。神様界では常識やで」

「早く言ってくださいよ。めちゃくちゃ動揺しましたよ～！　妻に小さい太ったおじさんをどうやって説明したらいいか！」

「小さい太ったおじさん言うなや！　恵比寿さんや」

「失礼しました」

「さぁ、ここからが本題や。続きのトレーニングいくで！　覚悟しいや！」

「お願いします！」

ちょっと未来に光が差してきたように思い、川谷の顔に自然と笑みがこぼれた。

今日初めてできた「笑顔」だった。

心理的安全性を生み出す笑顔の技術

逆算思考で数字を勝ち取る

川谷が行っていた会議同様に多くの会社では「詰める」という行為が行われています。営業会社ではよく行われていることだと思います。今回のケースは「詰める」という行為だけが悪いわけではなく、①思考が停止するまで追い込むこと、②上司側の「改善させたい」という意図が伝わっていない、という2つに問題があるということです。

余談ですが、私が、芸人から転職した人事系のコンサルティング会社でも数字に対しての追及はありました。芸人から転職したてで右も左もどころか、何も分からない状態でした。今でも本当によく採用してくれたなと感謝でいっぱいです。

当時の私が、営業会議に参加している感覚は「足し算を知らないのに掛け算を教えられている」感じでした。そんな中、見かねた上司が数字を達成させるために「逆算思考」を教えてくれました。それは、「数字のギャップが大きい『受注』『訪問』『テレアポ』などのそれぞれの確率を割り出し計算しろ！」というものでした。

割り出した結果、「3秒に1回テレアポをしないと数字達成できない」という結論に至りました。ただのいたずら電話です。こんなやりとりでも上司との信頼関係があり、私が思考停止に陥ることはありませんでした。3秒に1回も電話はできないので手は止まりましたが。

さて、仕事柄、取引先の会議に参加する機会が多くあります。よく見かけるのが、議論が活性化しておらず、促されないと意見が出ない重苦しい空気が漂っている光景です。「発表を聞いている側がムスッとしている」「若手が発言できていない」「情報共有だけやっている」「詰めるような問いだけが続く」「結局何も決まらない」などの事象が起こっていることが多いように感じます。そのような会議の場では、米グーグルが発見した、チームを成功に導く5つの鍵の一つでもある「心理的安全性」が担保されていないことがうかがえます。

では、どうすれば会議に笑顔が溢れ、活性化されるのでしょうか。お笑いの観点からひもといていきたいと思います。

まずは自分から「笑う」

恵比寿からもあったように、まずは自分から主体的に誰かの発言に対して「笑う」ということが最も重要です。これは第1章で紹介した「反応吸収」と同様です。無表情でPCを見ている人、頷きもせず見ている人、全く違う作業をしている人……。

お客様先ではやっているのに、社内では急に置物のようになってしまう人が多くいらっしゃいます。それは、社内の人間関係を尊重しない気持ちの表れと捉えられても仕方ありません。あなたにどんな意図があろうと、相手に伝わったことがメッセージとなります。

例えば、テレビ番組「人志松本のすべらない話」で、全員が無言で聞いていることを想像してみてください。番組は地獄です。だからこそ、出演者が〝すべらない〟話を披露した後に、必ず2つのリアクションをしています。

1つ目は、ホストである松本人志さんが「すべらんな～」と伝える。2つ目は、全員が

〝笑う〟。この言動により、出演者は自分の話が面白くて価値があると認識し、緊張がほぐれ、勢いがついてきます。

発言しやすい空気を意図的に作り出し、ただでさえクオリティが高い〝すべらない話〟がより面白くなる構造になっているわけです。


ちなみにお笑い芸人の中で、松本人志さんが「笑う」「すべらんな〜」と言うことをビジネスで例えると、「ある若手社員が企画書を書き、それを孫正義さんが『面白い企画だね〜』と褒める」のと同じくらいの効果があるでしょう。おそらくその若手社員は「最高の企画書が書けた」と自信に満ち溢れ、心理的安全性が担保されます。

逆に、会議がいきづまり意見が出ておらず沈黙が続く中、若手に「なんか意見ないの？」と言うのは、お笑い芸人に対して「さぁ、面白いことやって！」と言うくらい過酷です。

このような過酷な状況を、私も最近経験することが増えてきました。笑いのメカニズムを活用した企業研修を提供しているため、担当の方に紹介していただいて研修やワークショップをスタートすることが多いのですが、そこで「本日の爆笑ワークショップを開催していただく中北さんです。どうぞ!!」と紹介されることがあります。

「勘弁してください!!」と毎回思っています。お気持ちは嬉しいのですが、どうかおやめください……。

爆笑を練習してみる

2つ目の〝笑う〟ことは、実は練習が必要です。普段から笑っていないために、川谷部長のように笑顔が下手な人がたまにいます。「なんかこの人の笑顔、不気味だな」とか「無理して笑っているな」など、周囲に妙な印象を与えてしまいます。

「ニヤッと笑う」「あざ笑う」など、いろんな種類がある中で、心理的安全性を担保するために効果的な笑いとはどのようなものでしょうか？　それは「爆笑」です。腹を抱えて笑うということです。本文でも、爆笑のための9つのステップを紹介しましたね。

爆笑の所作を分解するし、各ステップを順序通りに実践すると爆笑しているように見えます。実際に弊社が提供している研修でもペアに分かれて「爆笑を練習するワーク」をします。このワークには2つの効果があります。1つ目は、表情筋が柔らかくなり、自然な笑顔を作ることができるようになります。2つ目は、人の感情は相手の感情に共鳴し、同じ感情を引き出すことが分かるようになります。

2つ目の効果については「電車でイライラしている人を見たときに、こちらもイライラしてしまう」「怖い話を得意とする人が『怖いな〜、怖いな〜』と何度も繰り返すことで、聞く人をさらに怖くさせる」といったことを想像してもらうとイメージが湧くかと思います。


現在売れているお笑い芸人さんの中にも、若手時代に鏡を見ながら笑顔を練習していた方もいらっしゃるほど、意識しないと素敵な笑顔にならないケースもあります。その他にも、「気持ち悪いキャラ」で売れている人の中にはどの角度が気持ち悪く映るのかを鏡で見て研究している人までいます。

また、ある時研修に、挨拶をしても返さず、暗い雰囲気をまとった方が参加されました。ペアワークを実施したところ、笑い出しで「ヒャッハー、ヒャハハハ!!」とすごいボリュームの妙な声で笑い出しました。音量も表情もむちゃくちゃでした。そうならないためにも一度、鏡を見て練習してみてくださいね。研修会場の皆さんは彼の笑い声についつい笑っていましたが。

雑談すると生産性が上がる

「スカブラ」という炭鉱現場で働く職業を紹介しました。彼らのやることといえば、時計を見に行き、時を仲間に告げる。そして卑猥な話やホラ話をして仲間を笑わせること。

炭鉱の経営が厳しくなる中で無駄を排除する方針となり合理化のために経営者は、「スカブラ」を解雇しました。「スカブラ」がいなくなった炭鉱内は、士気が落ち、同僚同士の関係が険悪になり効率も生産性も下がってしまいました。嘘のような本当の話です。

このような事象から、ある企業では雑談が起こりやすいオフィスを作る研究がなされているなど、「息抜き」の重要度は非常に増しています。

皆さんもご存じの通り、昨今テレワークなど出社しない働き方が増え、直に顔を合わせる機会が減り関係性が希薄になる中で、組織のコミュニケーションの質を高める動きが強まっています。例えば、1on1などの「自分らしさ」や「やりたいこと」を引き出す取り組みです。

笑顔を習得し、笑顔で働いていると不思議なもので人が自然と話しかけてくるなど、雑談が増え始めます。

私も、会社勤めのときは職場でよく話をしていました。偶然、私がお喋りだったということもありますが、今思うと「スカブラ」と同じことをしていました。

職場で疲れた顔をした人、悩んでいる顔をしている人、中途や新卒で入社したばかりで馴染めていない人……。

このような人を見つけると私は、話しかけに行っていました。そうした効果は絶大でした。特に効果が大きかったのは若手の離職率の低下でした。

なぜ若手の離職率が0％になったのか

前職は若手の離職率が高い会社でした。私が入社して以降は、会社を辞める若手が少なくなっただけではなく、一時期はいなくなりました。本当に0％になりました。もちろん、一概にこれだけが理由とはいえません。

何が起こったかをダニエル・キム氏の「組織の成功の循環モデル」という理論で解説していきます。図11をご覧ください。

図11　関係の質の重要性

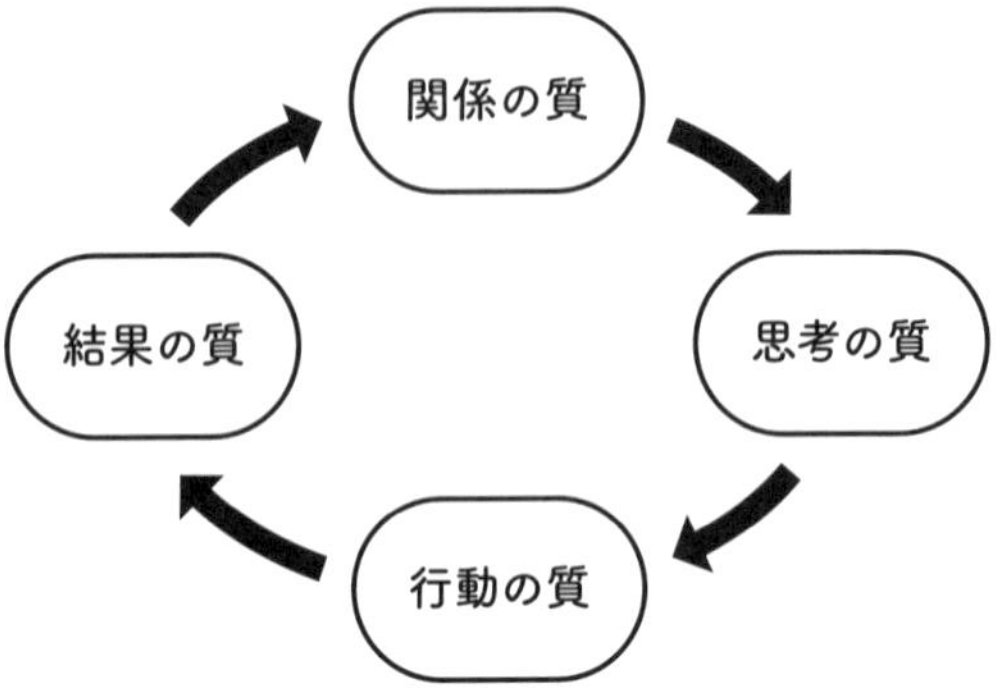

これは、「関係の質」が高い組織は「思考の質」が高くなるという理論です。一方で、「関係の質」が低い組織は「思考の質」が低くなります。つまり、成果を出したければ結果ばかりに目を向けるのではなく、まずは関係を改善する必要があるということです。具体例でご説明します。

グッドサイクル：関係の質が高い場合

1 関係の質：ものすごく仲のいい友達と旅行に行く

2 思考の質：こんなこと、あんなことしたい、といろんな意見が出る

3 行動の質：いろんな意見の中からベストなプランで旅行に行く

4　結果の質：とても満足してさらに仲の良い友達になる

こちらが「グッドサイクル」が回っている場合です。ご覧いただいた通り、関係の質が高いからこそ、結果の質が高まっていくのが分かります。この積み重ねこそが、チームまたは組織の一体感を高める方法です。

バッドサイクル：関係の質が低い場合

1　関係の質：仲の良くない人たちと旅行に行く
2　思考の質：行くこと自体も憂鬱、一人にもなりたい……と意見が広がらない
3　行動の質：何となく決めた場所へ旅行へ行くことになる
4　結果の質：満足度は下がり、もう二度とあの人たちとは旅行に行きたくないと思う

こちらが「バッドサイクル」が回っている場合です。そもそも仲の良くない人たちと旅行へ行くのか、という論点もありますが、何となくの折衷案で出された何となくの場所へ

行ったところで結果が出るはずもなく、むしろ最悪の場合は疎遠となります。

前職で退職者が減った理由の一つとして挙げられるのが、私が話を聞き出すことで、彼らが話しづらかった会社に対して抱えている不満を引き出せたということです。話を聞いてみると、新入社員や若手社員が職場の中で、本音で悩みを打ち明けたり、気軽に話せたりするラフな関係がなく、孤独を感じている人が多かったのです。

そこで人と人を繋げる役割を「スカブラ」として担いました。そうすることで、会社全体として関係の質が向上し成果が出やすい状態を作ることができました。

バッドサイクルは断ち切れるのか

私が訪問する企業の多くでは、信頼関係がない上司・部下間で「バッドサイクル」が起きています。「１ｏｎ１」の施策を会社の方針で実施してみるものの、そもそも信頼関係がないために効果が全く上がりません。上司・部下の双方にとって価値のない時間だけが流れることで、話すことすら無駄な時間と認識してしまう方もいるほどです。その結果、より深い溝を両者間で作っています。

ちなみに、私の前職で実施した施策は、「スカブラ」だけでありません。「中北軍団」という軍団を作りました。これはお笑い芸人の上島竜兵さんの「竜兵会」を真似て作ったものになります。

そもそも何をミッションにして立ち上げた軍団かというと、「会社の新しい福利厚生になる」ことです。大手には「家賃補助」や「社食」などがあるように、この会社には「中北軍団」がある、と言われるような軍団にしようとしました。

「中北軍団」では、会社に入社し「人とコミュニケーションがうまく図れない」「成果が出ずにモチベーションを下げている」人たちを集めて、月に1回飲み会を開いていました。飲み会ではただ楽しく飲むだけでは効果が薄いので3つのことを実施していました。

1 最近やりがいを感じた仕事を共有する

成果が上がらないと、会社への不満を溜めたり、うまくいかないと自分を責めたりする傾向があるため、まずは頑張った自分を承認することを目的としています。

2 上司・先輩の良いところを探す

普段から注意や指導を受け続けていると心の余白が減り、フィードバックを受け入れることすら難しくなり、相手の嫌なことばかりが見えてしまいます。主人公の深田敬のように思考停止してしまうのです。そうならないために、改めて上司・先輩の良いところはないかを探します。注意や指導を受け入れる心の余白を作ります。

3 互いの改善点1つ、良い点3つを伝える

褒め合うだけでは傷の舐め合いになってしまいます。ですので、最後には信頼関係ができている仲間同士で、改善点の指摘をします。また、良い点を3つ伝えることで承認のシャワーを贈ります。そうすることで、会社にいても良いという心理的安全性を担保します。

このような飲み会を開くことで自分たちの会社を好きになり、自分の仕事に自信も持て新たな一歩を踏み出すことができました。

自律の根幹は「好き」という気持ち

ここで自律についてお話しします。様々な会社とお仕事する中で「自律的に自ら考えて行動する人」を育てたいというニーズをよくお伺いします。私は自律の根幹は、「会社を好きという気持ち」または「ロイヤリティ（忠誠心）」であると考えています。

例えば、あなたが男性だったとしましょう。好きな女性とお付き合いをするためにサプライズをします。この女性が何を好きで、何に喜び、どうしたら付き合えるのかを必死で考えます。

一方で、好きではない女性にはサプライズをしませんし、喜んでもらえることをそもそも考えません。

この違いがまさに自律の最初の一歩だと考えています。つまり、会社を好きであれば自然と会社をより良くするために自律的に行動するということです。会社を好きになる最初の一歩としては、社内の人間関係があると考えます。

「憧れる上司」「信頼できる先輩」「一緒にいて楽しい同僚」がいるからこそもっとこの会

社で働こう、恩返しをするんだ、という気持ちが湧いてきます。

私が知る中で一番驚きの施策をしていた会社があります。その施策の名前は「白飯会議」というものです。

その会社は介護事業をしており、毎月1回の責任者10名が集まる会議がありました。その会議では、「入居者の数を増やす」「ミスの報告」などを主な議題として進めていました。もちろん会議は非常に暗く詰められる雰囲気が蔓延していました。

そんな中、新しく社長になった方がいました。その方は、会議に問題意識を持ち「一日、数字やミスはいいから現場で感動したことはなかったのか?」と尋ねました。すると、責任者からは「利用者の家族に感謝された」「利用者から『あなたに会えてよかった』と言われて嬉しかった」などの感動的な話が聞けたそうです。

すると10以上の感動的な話を聞いた責任者の一人が会議の最後に「感動的な話でお腹がいっぱいになりました」と言ったそうです。

そこで新しい社長は「感動的な話はおかずになるかもしれない」と考え、次から会議に炊飯器を用意して人の感動的な話をおかずに「何杯ご飯が食べられるか?」という取り組みをしたそうです。人が話した話で白飯をかき込む。

「いや〜、あなたの話はいいですね。3杯いけました」

本当に、こんな光景があったそうです。不思議な光景ですね。そうすると責任者たちは徐々に変わっていきました。会議に向けて感動的な話を準備しようとするのですが、自分の経験した話だけでは限界があります。

そのため、部下に「感動的な話がないか」をヒアリングするようになりました。今まで「数字が」「ミスは」を問い詰めていた責任者が全く別の質問をするので、会社の風土が大きく変わったそうです。

めちゃくちゃな話ですよね。でも、本当の話です。これも会社を好きになってもらう施策の一つです。

さて、ここから川谷は、営業部のメンバーが笑って過ごせるチームを作るために、恵比寿から人と人を繋げる技術を学んでいきます。

頑張れ、川谷部長！

「受信」と「発信」でコミュニケーションの基礎を鍛える

恵比寿は、高級和菓子の箱を開けてじっと見つめてから内ポケットに入れた。そして、満足そうに川谷に伝えた。

「良かったやん！　それだけ話しかけられたらええで！　いい笑顔になってきた証拠や」

「自分でもこんなに効果があるとは思ってもいませんでした。ただ、ニコニコ仕事しているだけで、今までにないほどいろんなメンバーが相談に来るんです。本当に手応えありです！」

笑顔のトレーニングをした川谷は会社に行くのが少し楽しくなってきていた。いつも鬼のような顔をしているため部下が相談や報告に来ることもあまりなかったが、最近では何名かフランクに話しかけてくるようになったのだ。

「川谷部長、報告がありまして」「川谷部長、すみません。ちょっと相談したいことがあって」「川谷部長、今日はご機嫌ですね。何かいいことあったんですか？」……。

「川谷部長」とあんなにメンバーから呼ばれたことが今まであっただろうか。以前なら「川谷部長」と呼ばれても、仕事中だから話しかけるなという雰囲気を出していたかもしれない。ＰＣに顔を向けながら話を聞いていたかもしれない。体調不良を心配されるほど笑顔が下手くそな自分が一皮むけた感があった。


「これで分かったやろ？　どれだけメンバーが兄さんの顔色うかがって仕事をしているか。本当に、メンバーに無駄な時間を過ごさせてたわ」

「本当にそうですね。今回は、本当に実感しました」

「ほんま、ええ機会やな～。さて、兄さんはここまで『受信』を強化してきたんやけど、そろそろ『発信』を強化していこうか」

「『発信』ですか？」

「そうや。コミュニケーションっていうのは、そもそも『受信』と『発信』でできてるんや。例えば、『受信』で有名なのはコーチングや。でも、コーチングだけやっても話を聞くだけで、自分のことを『発信』しなかったら相手からは信頼されへんやろ？」

「そうですね。この人『自分の話をしない』と思ってしまいます」

「分かってきたな！　逆に『発信』、例えばプレゼンテーション・ティーチングだけを磨いても『この人全然、人の話聞かないな』になるわけや」

「分かります。そうなりますね」

「だから、コミュニケーションを学ぶためには『受信』と『発信』の2つの切り口を身につけていかなあかんわけやな。『笑う』っていうんは、まさに『受信』やな。関係性を作る技術や。これができてやっと次のステージに行けるんや」

次のステージ⁉　正直、ワクワクする。何か一歩ずつ進んでいるような何とも言えない高揚感を感じていた。

「さて、ここからは『発信』を教えるわけやけど、これはめっちゃ簡単で効果的なことがあるんや。何やと思う？」

川谷は首を傾げて考える人のポーズをとった。そして小さい声で「あっ！」と閃いたような声を出した。そして答えた。

「分からないです」

「分からへんのかい！　デジャブか！　以前にも同じシーンを見たで！」

「す、すみません。な、なんですか？」

「それはな『褒めること』と『感謝すること』や！」

「あ……なんか、目から鱗感がないというか……」

「ほお？　兄さんは『褒めること』と『感謝すること』の効果を舐めているようやな」

「そんなことはないですが……当たり前すぎるというか」

「ええ度胸やのう！　ほんなら兄さん『パチンコ玉理論』って聞いたことあるか？」

「パチンコ……ってあの？」

「そうや！　これはコンサルタントの池上孝一さんいう人が考えた理論なんやけど、隣同士でパチンコ玉投げても痛くないやろ？　でもな、小さいパチンコ玉でも高層ビルの上から投げて当たったら死ぬ可能性あるやろ？」

「あります。当たりどころが悪ければ」

「そうや！　要するに『役職』や『年次』が上がっていくと他愛ない言葉が突き刺さるってことやな。冗談で言った『アホやな』って言葉も社長が新入社員に言ったら新入社員はどう思うかというと『僕は、本当にアホかもしれない』って心の底から思うわけや。飯も喉通らんかも分からへん」

「新入社員はかなりショックを受けますね」

「要するに自分の影響力が変わっているわけや。兄さんも、もう部長や。知らぬ間に変わってるんや。自分は冗談だと思っていても怒ったり、バカにしたりするとパワハラやセクハラになりやすいんや。でもな、その理論を利用して『褒めること』や『感謝すること』を高層ビルから落としたらどうなると思う？」

「みんな喜びます！」

「喜びすぎて気絶するで！　一回、やってみ！　『怒る』や『バカにする』が『褒める』に変わるだけで大きな違いや。できるだけ『褒める』に変えてみることや。じゃあ、どうやって言葉を変換するかやな。さぁ〜て、ここからが本題や！」

一般的な〝イジる〟とお笑い芸人の〝イジる〟の違い

恵比寿は、腕まくりをして続けた。

「〝イジる〟って知ってる？」

「芸人さんが使う〝イジる〟ですか？」

「そうや！　知ってるのう」

「会社の飲み会でもよくやっているやつがいますよ！　若い子のことを深田とかがイジってます。『すべったぞ～』『オチないぞ～』とか言って周りもそれなりに盛り上がってる雰囲気があります」

「あ～あ、最悪な会やな。めちゃめちゃ若手の子がかわいそうやわ」

「な、なんでですか？　テレビでも同じようにやってるじゃないですか？」

「愛がないんや。お前たちは。あんな、一般の人が使うイジるとお笑い芸人が使うイジるは根本的な考え方が違うねん！」

恵比寿は、紙とペンを持ち図を描き出した（図12）。

図12　一般的な“イジる”とお笑い芸人の“イジる”

一般

自分の力を誇示するための愛のない言動。自分以外をバカにしている状態

芸人

相手に敬意を持ち、相手を人と繋げる行為のこと

「ちょっとこれ見てみ！」

「一般の人が使うイジるっていう行為の多くは、相手にマウントポジションを取り、自分の力を誇示するために使用されるケースが多いわけや。まさに今回の『すべったぞ〜』『オチないぞ〜』がそうや。しかも、言われた方の子も笑わそうと話をしてるわけやないし。ほんまにキツイで。下駄でフルマラソンを走るくらいキツイで」

「なるほど。確かにそれはキツイですね」

「じゃあ、お笑い芸人のイジるがどうなっているかというと、一見、相手をからかうようで、実は肩車しているかのように『この人、本当に面白いんです』と周囲に伝えてるんや。相手に対する尊敬の念や愛があるわけや」

恵比寿は続けた。

「これは飲み会だけじゃないんや。会議でも言えることや。若手が発言したことに対して『承認する』『褒める』ことで会議も活性化されるんや」

「でも、どんな言葉を使えばいいのか……」

「それはな、ポイントは2つや。①同じ意味でも表現がソフトに聞こえて笑いを誘える言葉を使うこと、②今まで笑いを取ったフレーズをストックしておくこと。この2つが重要なんや」

「ちょっとイメージが湧かないのですが……」

「ええで～。具体的に説明するとな」

恵比寿は紙に図を描いた（図13）。

「例えば①の場合やけど、若手がミスをしたとしよう。『お前は、バカだな！』と上司から言われると本人はショックやろ？　加えて、怒られている若手を見て周囲は『またアイツは怒られている』『アイツは仕事ができないやつだ』とか思うからそもそも若手の評価も落ちるし、社内や会議の雰囲気も悪くなるわけや」

営業会議で若手を詰めてしまい、重たく不穏な空気になっていったのを思い出した。

図13 “イジる”とは？

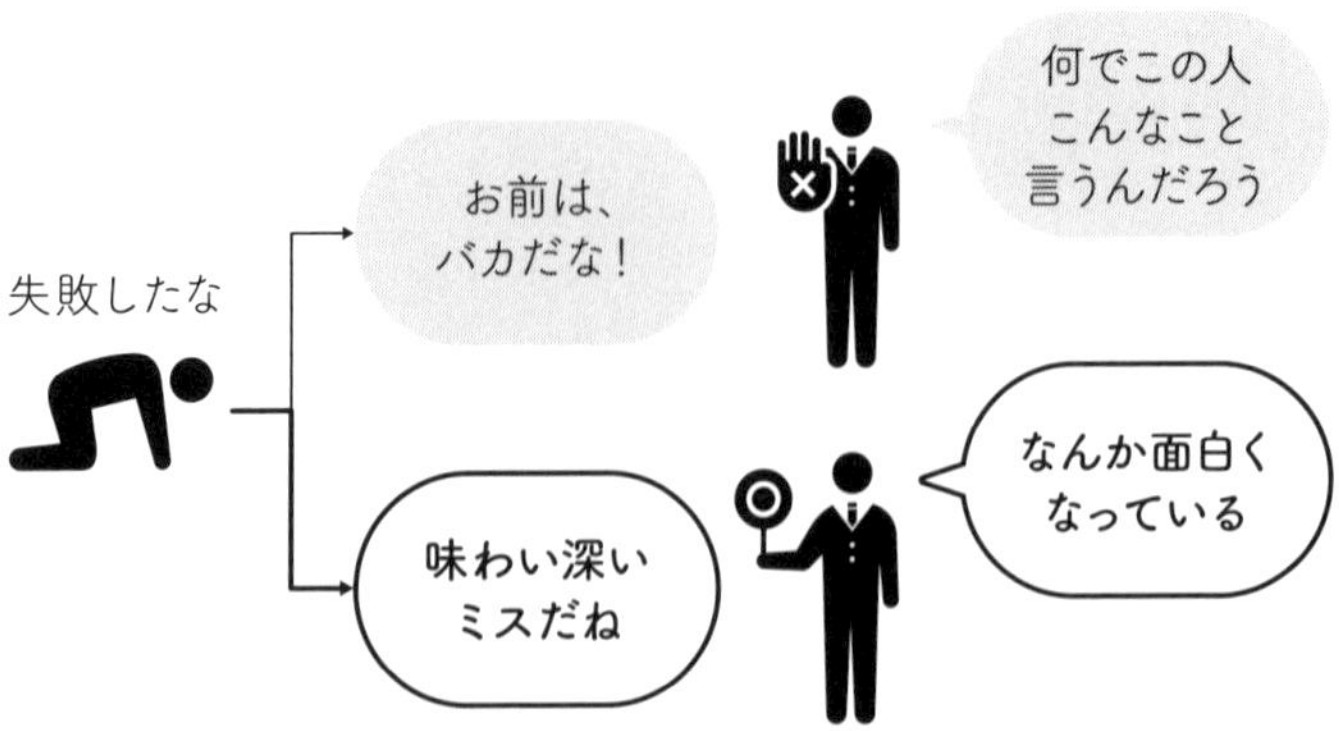

イジるとは、**その人が好きだから笑いに変える**ことをいう
ネガティブな言葉からは質の高いコミュニケーションは生まれない

もうあんな空気は嫌だ！　察したように恵比寿は川谷の表情を確認し「うんうん」と首を縦に振り続けた。

「じゃあ、どう言えばいいかって話やな。それはな、例えば『お前は、バカだな！』を変換して『味わい深いミスだね』とまず伝える。そうすると周囲がクスッとくるわな」

「なんかクスッときます」

「その上で、伝えたかったフィードバックをしてあげることが重要なんや。そうすることで、注意を受けている若手の子もミスを受け入れやすい。加えて、周囲の雰囲気を悪くしたり、若手の子の評価も不用意に下げたりせずに済むわけやな」

「なるほど！　何となくイメージが湧いてきま

した」

「覚えときや。ネガティブな言葉からは質の高いコミュニケーションは生まれないんや！　イジってあげて笑いに変えてあげることで、失敗に対して臆病な意識がなくなり、チャレンジできる環境もできるんやで！」

無意識にやっていたことを突きつけられると心が軋むように痛い。注意されることもなくここまで来てしまった自分の責任か、とのみ込んだ。

「恵比寿さん、2つ目の『ストックする』ってなんですか？」

「学ぶ意欲が出てきてるな。ええことや！　例えば、テレビ見てても、例えてつっこむ芸人さんがいるやろ？　いろんな番組で同じような例えをしてるわな。それは、笑いが取れるフレーズを自分の中でちゃんと蓄積しているんや。仕事も同じやろ？　営業であれば売れるパターンを蓄積するし、社内の業務でも成果が出やすいパターンを蓄積してる。それをコミュニケーションだけに特化してやるわけやな」

「確かに私の中にも、営業でこのトークをしたらいけるというイメージがあります。ストックすることが重要なんですね」

「そうや。いろんな場面を想定して準備しておくんや。例えば、営業会議で誰かが盛り上げようと話をすることがあるかもしれへん」

「私が言うのもなんですが、あの営業会議ではちょっと話しづらいかもしれませんね」

「いや、きっといると思うよ。背中を押されて自分を変えようとしているやつがさ」

恵比寿はニヤッと笑った。

「そうですかね……」

恵比寿はニコニコと私を見ながら続けた。

「このイジる技術が向上していけば人と人を繋ぐことができるようになる。誰もが安心して発言ができるようになるんや。笑いながら話が進む、でもゆるい関係ではなくて価値ある議論がなされる。そんな会社や組織って素敵やん」

「それは本当に素敵ですね。ワクワクしてきました！　会社でやってみます！」

人を魅了して離さない〝返し〟の技術

恵比寿は「さーて」と言うと手を叩き仕切り直した。

「ここまではイジる技術について話をしたんやけど、イジるとセットで覚えておいた方がいいのが〝返し〟の技術なんや」

「返しってあのお笑いのやつですよね？」

「そうや！　これを覚えておくことで人を魅了して離さないことができるんや。兄さんは鬼みたいな顔してたから部下からイジられることがなかったわけやな。今まで上司の高木くんからはあったかもしれへんけど」

「そうですね。部下からはありませんでしたが、高木さんからはよくありましたよ。『お前は〇〇やれ！』とか言われてました」

「本当に、愛のないイジリが横行した会社やな」

「は、はい。何かすみません」

「ここから兄さんは、笑顔も増えて、ポジティブな言葉を使い続けていくと必ず部下からイジられることがあるんや。そのために覚えておきや。まぁ、一番は部下に兄さんが教えるのが理想やけどな！」

「未来のための予習ですね！　ぜひ、お願いします」

恵比寿は、紙に図を描き出した（図14）。

「ちょっとこれ見てみ！」

図14 “返し”とは？

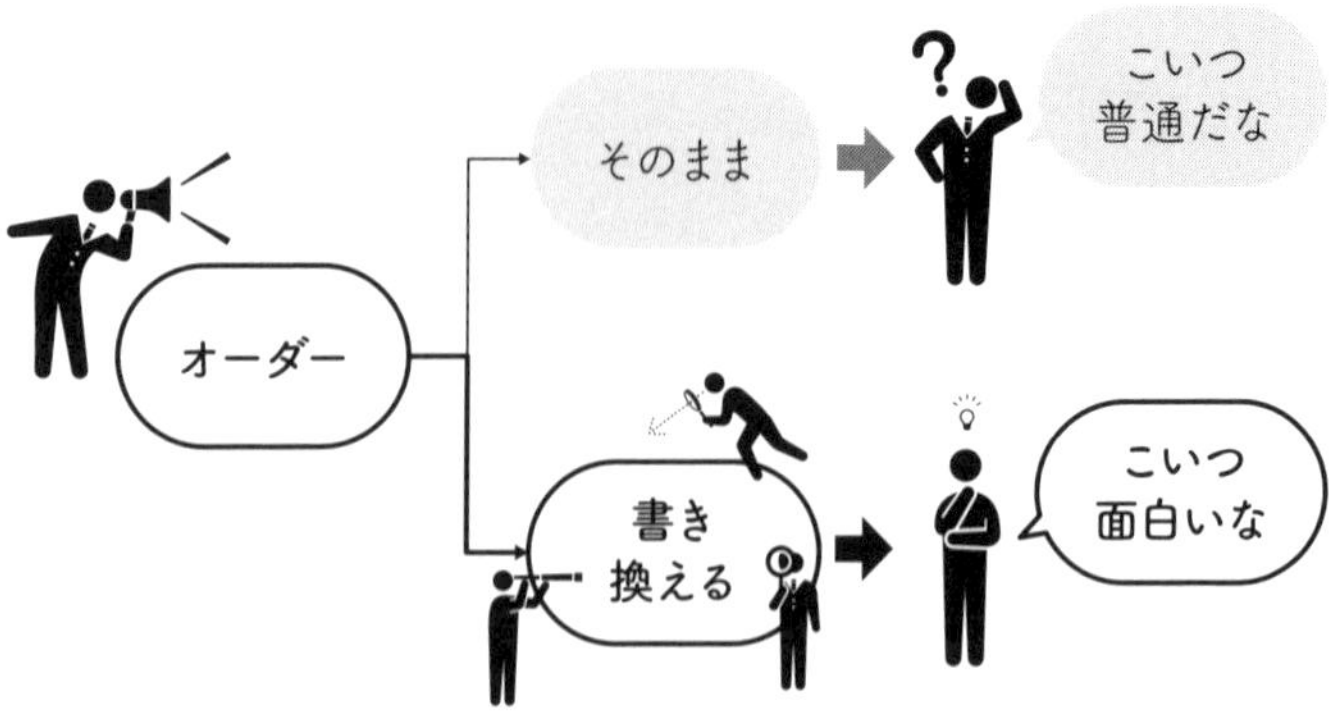

言われた通りのことを、言われた通りに返答するのではなく、
様々な「**言葉・場の空気・相手の傾向**」を踏まえて返答を導き出す

「返しとは何かというと、相手から言われた言葉に対して、そのまま返すのではなく、その場の空気、浴びせられた言葉、相手の傾向に合わせて言葉を返し笑いを生み出す技術のことを言うんや。例えば、お笑い芸人がよく似ている俳優さんに間違われて『角野卓造じゃねぇ〜よ！』と言うパターンも返しの技術なんや」

「テレビでそのシーン見たことあります！『シュレック』とか！」

「そうや！　返しを使うには3つだけにパターンを絞って覚えたらええと思うわ。やろうと思えば腐るほどあるから絞らないと覚えられへんやろ」

「覚えられないです」

恵比寿は、紙にさらに描き加えた（図15）。

図15 “返し”の例

繰り返し

「お前バカだな！」など小馬鹿にされるような発言に対して
「誰がバカなんですか！？」と相手に言われたセリフに
“誰が”をつけて繰り返すだけで成立する

例え返し

「使えないな！」などの言い換えられる言葉があるときに使う返し。
「角野卓造じゃね〜よ！」もこのパターンと近い位置にある

ノリ返し

強い調子で叱責され、例える言葉も思いつかないときに使う。
相手の言葉にノッたふりをして話を展開する

「ちなみに、『ノリ返し』をもう少し具体的に説明すると、『大島』『中島』と言われて『○島だよ！』って怒ることで笑いに変える芸人さんがいると思うんやけど、あの人は『おい！　○○やれよ！』って周囲の芸人さんから無茶ブリをされることが多いんや」

「なんか、そのシーン見たことあります。いつも怒ったり困ったりしてますよね」

「そうや。ほんでや、その芸人さんは、実際に大きな声で無茶ブリされたことをやってから『2秒の間』をあけて大きな声で『おい!!』ってツッコむんや。この『2秒の間』って何やと思う？」

「ま、全く分からないです！」

「もう全く考えなくなったな！　実は、①『おい!!』というオチに注目を集める、②やや笑いが起こっている可能性があるので、2秒間で完全にすべるのを待っている。この2つの意味があるんや。なんとなくやっているように見えるけど、明らかに技術があるんやで〜」

テレビをただ見ていただけでは、絶対に知ることのない知識が頭の中に流れ込んできた。実はスキルなんだ……。

恵比寿は続けた。

「兄さんは、あんまり返しを使う機会はないかもしれんけど、部下が返しの技術を使用するときのためにしっかりインプットした方がええで。『失礼なことを言われた！』って上司が思うこともあるからな」

「そうですね！　せっかくチャレンジしてるのに潰してしまうってことですね！」

「その通りや！　分かってきたな〜。明日はどんな予定や？」

「明日は、営業部の会議です」

「ちょうどええやん！　明日、イジる技術を使ってみ！」

「使える機会があるかは分かりませんが……もしあれば使ってみたいと思います」

「よっしゃ！　ほんならもう今日は明日のために寝な！　ええ年やから体壊すで〜。あと会社からも早く帰ってこいよ。兄さんが残業していると他のメンバーが帰りづらいからな」

「分かりました。早めに帰るように心がけます」

一歩踏み出した勇気を受け入れる

起きた頃には妻が朝ご飯の準備をしていた。「おはよう」とリビングへ行き朝ご飯を食べた。

「最近笑顔が多くなったね」と妻が言った。ここ数日、書斎にこもりきりで妻と話していなかったなと反省した。

「そうか？　いつも笑顔だけどな」

「いいことでもあったの？　書斎にこもりっきりだし」

「ちょっと仕事が多くてな。でも仕事が昔みたいに楽しくなってきたんだよ」

「それならいいけど。まさか、書斎にこもって女性とやりとりしてたりしてね……」

「ええ？」

「最近、そういうニュースも多いから……」

「そ、そんなことはないけどさ」

空になった茶碗を片づけながら、浮気を心配されているなら、もっと早く帰ろうと心に誓った。

川谷は、皿を洗いながら妻に「この仕事が落ち着いたら久しぶりに家族で旅行に行こう」と伝えた。

「分かったわ。ありがとう」

いつか恵比寿のことも笑いながら話せる日が来たらいいな。そんなことを思いながら書斎へ向かった。

恵比寿は、クッションの上で寝ていた。寝息ひとつたてずに眠っている。ｉＰａｄのパスワードを紙に書いていると恵比寿が起きた。

寝ぼけた目をこすりながら恵比寿は言った。

「部下の勇気を受け入れたれよ」

「分かりました。準備万端です」

緊張で体に力が入った。

戦いに向かう男の気持ちとはこんな感じだろうか。頭の中では、映画「ロッキー」のテーマソングが流れている。何度倒れても起き上がり戦う男。今日は、頑張ろう。熱くなり拳を強く握り締めた。拳に目を向けるとパスワードを書いた紙がくしゃくしゃになっていた。やってしまった……。

「兄さんは、そういう天然なところがあるんやな！」

「す、すみません……」

そう言うと2人で笑い合った。いつの間にか、肩の力が抜けていた。

＊＊＊

会社に着くと席に向かった。営業部のメンバーたちが出社し始めた。2年目で大きな案件をプレゼンしたときのように高揚しているのが分かる。何かドキドキとワクワクが交差する複雑な気持ちだ。

「では、今週の会議室を始める」。川谷は、いつもより大きくはっきりとした口調で伝えた。

週に一度の営業会議は、案件の進捗と相談や個別の行動量のチェックが目的で開催されているため、どうしても詰めているような進め方になってしまっている。慎重に言葉を紡いで進めなければ！

一人ひとり当てながら慎重に進めた。これまでの認識もあるため、空気がどうしても重く、圧がかかってしまうのが分かった。

石野の順番が回ってきた。進捗の報告だけでなく自分のクライアントの傾向を考えて提案を出してきた。

「大手のグループ会社へターゲットを絞り進めたいと思っています。私のクライアント様の多くは大手の鉄道会社です。今回のグループは会社数も多く、これまでの実績をもとに効果的に商談を進めることが可能と考えています」

川谷は「ここだ！」と思った。ここで褒めるんだ！　いつもなら「そうか。やってみろ」くらいしか言わなかったがここは褒めるチャンスでしかない。

しかし、無意識に「ここだ！」と思いすぎてしまいそのまま大声で言ってしまった。顔が真っ赤になった。バシッと決まらない……。

「部長、『ここだ！』とはなんでしょうか？」

「いや『ここだ！』、ここが勝ち筋かもな、と思ったんだ」。苦しいごまかしになった。川谷は続けた。

「いいアイデアだ。一度、やってみろ」

「分かりました。ありがとうございます！」

危ないところだった。あのままごまかせなかったら変な空気になるところだった。恵比寿の言っていたように私は天然なのかもしれない。でも、褒めたことで少し会議室が明るくなったように感じた。

一人ひとり当てながら案件の進捗や行動量の報告を受けていった。さて、深田の番が回ってきた。また同じことを繰り返さないようにと思えば思うほど自分の肩に力が入っていく。顔が固まっていくのが分かった。

「すみません、ちょっといいですか」と石野が手を挙げた。

「どうした？」

「少しお腹が痛いのでトイレに行かせてください」と言うと石野はトイレに行った。

「石野が戻ってくるまで一旦休憩しよう」

何て良いタイミングなんだ！　思わずガッツポーズを繰り出すところだった。本当に、ありがたい。ここで肩の力を抜く時間ができた。席を立ち、伸びをして心を落ち着かせた。石野がトイレから戻ってきたので「再開する」と伝え、深田の名前を呼んだ。すると深田が報告とは別の話をし出した。

「いや、皆さんこの前びっくりしたんですよ」

突然のことで、会議室に不思議な空気が流れる中で、川谷だけは恵比寿の話を思い返していた。「背中を押されて自分を変えようとするやつがいた！」。深田がスポットライトで照らされているように光り輝いて見えた。深田は続けた。

「友達にみちひろってているんです。ものすごいアホなやつで、みちひろが、Ｓｕｉｃａを忘れてきたので切符を買ったんです。そしたら改札と切符売り場のあの短い距離で、切符なくしたんです。本当に、アホですよね」

周囲が静まり返った。私の出番だ！　明らかにこれは私の出番だ。昨日、恵比寿と準備したこのイジリのフレーズを使うんだ。全員が私の動向をうかがっているのが分かった。額に汗がにじんだ。深田の勇気を受け入れる！　川谷は決死の覚悟で声を出した。

「がはははは！」、大きな笑い声をあげた。

「面白い話だな。俺は、大爆笑だったぞ！」

会議室がざわついている。おいおい。やってしまったのか。深田に視線を送ると潤んだ目でこちらを見ていた。深田、お前は一体今、どういう感情なんだ！

「本題に戻すぞ！」

改めて仕切り直した。会議はいつものような重い空気にはならなかった。

初めての誘い

川谷は、3年目で営業数字を達成したときのように体が熱くなっていた。結果はどうだったというより、今までと違うチャレンジをしたことに昂っていた。

席に戻ると深田が駆け寄ってきた。

「先ほどは、ありがとうございました」

「何がだ？」

「助けていただいて。少しでも重い空気を僕なりに変えようとしたんですが、結果的に助けていただく形になり本当にありがとうございました」

「深田の勇気を感じたよ。こちらこそ、ありがとう。次回からもアイスブレイクを会議の最初にやってみてくれ」

深田は、最初キョトンとした顔でこちらを見ていた。怒られると思っていたのかもしれない。

「ありがとうございます！　次回の会議も頑張ります！」

頭を深々と下げて帰ろうとする後ろ姿に川谷は声をかけた。

「今度、飲みに行こう。営業で悩んでいることもあるだろうから、俺が伝えられることがあるかもしれない」

「はい！　よろしくお願いします」

初めて深田と2人で飲みに行く約束をした。なんか自然と声が出た。どこかで営業で苦労している深田と昔の自分を重ねていたのかもしれない。なんか今日は一層疲れたな。恵比寿にもいい報告ができそうだ。

職場・会議を活性化させる"イジる"技術

笑いが絶えない職場の作り方

コンサルタントという仕事柄、取引先の会社内で打ち合わせをすることがよくあります。会議室へ向かうまでに、社員の方々が働いている現場を通る場合、私はいつも彼らの表情や、雑談をしているかどうか、職場全体の雰囲気はどうかを見るようにしています。

社員の方々が、表情豊かに笑い、飲み物片手に話しながら仕事をしている会社も多くあります。一方で、社員同士の会話がほとんどなく、パソコンを打つ音だけが室内に響く会社も中にはあります。「それ、自分の会社だ……」と思う方も少なくないのではないでしょうか。

後者の取引先と話をすると大抵、次のような課題を聞くことになります。

●A部署とB部署がギクシャクしている
●職場で冗談が言える空気ではない
●若手が辞めてしまう

では、どのようにすれば笑いが絶えない、働きがいのある場を作ることができるのでしょうか？　人と人を繋げるハブになるために必要なスキルをお笑いの観点からひもといていきましょう。

1つ目は、イジるという技術です。昨今、お笑い番組の影響でイジるという単語を耳にすることも増えてきていると思います。ただ、一般的な〝イジる〟とお笑い芸人の〝イジる〟は前提に違いがあります。本文でもあったように、一般的なイジるという行為は、相手に対してマウントポジションを取り、自分の力を誇示するために使用されるケースが多いです。

これに対して、お笑い芸人のイジリは一見、相手をからかうようで、実は相手を肩車しているかのように「この人、本当に面白いんです」と周囲に伝えています。例えばどのようなパターンがあるかというと次の通りです。

●一般的なイジリ「ＮＧ例」

1 あの面白い話して
ハードルが上がるため笑いが起こらない

2 ◯◯やってよ
何の脈略もなく「フリ」がないため笑いが起こりづらい

3 ◯◯に似てる
「似ているかどうか」しかなく話の展開が望めない

●お笑い芸人のイジリ「Ｇｏｏｄ例」

1 あのびっくりした話して
面白い話であることを匂わせないことで笑いやすい空気を作る

2 俺が好きな◯◯やってもらっていい？

仮に笑いが発生しなくても自分が好きなものなんだと太鼓判を押す

3

まさか、○○ですか？

決めつけずに余白を作ることで、「違います」と相手が伝えるだけで笑いが生まれやすい構造を作る。この変化したものが「角野卓造じゃねぇ〜よ」となる

このようにあまり知られていませんが、実はイジる側にもスキルが必要となってきます。

では、ビジネスの場面ではどのようにイジると、相手に嫌な思いをさせずにモチベーションを上げることができるのでしょうか？

人を傷つけない〝イジリ〟用語早見表

次ページの図16は私が今までイジってきた事例をストックしているものです。会議中ではないパターンも挙げています。

イジるためのポイントは、同じ意味でも表現がソフトで、笑いを誘うような別の言葉に

図16　人を傷つけない"イジリ"用語早見表

よくあるシーン	NG例	Good例
声が小さい人	・声が小さいよ ・聞こえないよ	・声が薄いよ ・声が細いよ
声が大きい人	・声がでかい ・うるさい	・ここにいるから大丈夫だよ ・アリーナの2階席に話しかけてる？
何を言っているか分からない人	・何言ってるか分からないよ ・意味が分からない	・後半モザイクかかってました？ ・トンチか何かの話をしてます？
話が長い人	・話が長いよ ・もういいよ、その話	・どうしたの？　過去につらいことあったの？ ・（最初の単語だけ覚えて） ○○までしか聞き取れなかったよ
すべってしまった人	・すべってるやん ・今のは面白くないよ	・時代が時代なら爆笑だったな ・俺は爆笑だったけどな ・大丈夫。俺だけは味方やからな
会議が行き詰まったとき	・無言で議論が進むのを待つ ・誰か意見ないの？	・誰か「孫正義」呼べる？ ・誰か「スティーブ・ジョブズ」呼べる？

変換して伝えることです。

例えば、声が小さい人に「声が小さい」「聞こえない」と言うと、相手は圧力をかけられているように感じて萎縮し、場の空気も悪くなります。

そこで、「声が薄いよ」「声が細いよ」というように、少し角度を変えるような言葉を使うと場が和みます。

その他にも、よくあるシーンとして報告や連絡に来た部下が何を言っているか分からない場合があると思います。中には報告に緊張しすぎて、話している部下すらも「何を話しているんだろう……？」という顔をしている地獄の状態さえもあります。

そこに対して「何を言っているか分からない」「意味が理解できない」と伝えてしまうと、さらに思考も顔も固まってしまいます。そこで「後半モザイクかけた？」「トンチか何かですか？」と言い換えてあげます。そうすれば結果的に、報告に来た部下は「自分が何を言っているか分からなかったんだな」と気づきます。

もちろん、会議をしていると、事前準備をしてきていない、ゴールが不明確、質問の意図が分からない、他責な発言が多い、など、川谷と深田のやりとりのようにどうしても怒りたくなるシーンが多々あります。そんな場合は注意をする前に「君の話は名探偵コナンがいないと解決できないな」などと枕詞をつけると、相手が受ける印象も変わりパワハラとなる可能性を軽減できます。

この技術は、幅広く応用も可能です。例えば、私は研修講師として登壇する際に「イジる技術」をフル活用して場を活性化させていきます。もちろん、どんな場面の司会でも効果絶大です！

このスキルを、お笑い芸人は「まわし」と言います。「まわし」は、ＭＣや司会と同義語です。先ほど紹介した通りストックした単語を使用したり、同じ意味でも表現がソフトで笑いを誘うような言葉を活用していきます。加えて、もう一つ重要なポイントがあります。

"イジる"には伝える順番を押さえる

それは、伝える順番です。図17をご覧ください。

この3つのステップを踏むことで場が活性化され続けます。そして、このステップを身につけると「すべる」リスクをかなり軽減させることができます。

なぜかというと、「相手の発言」や「こちらの質問の回答」に対してイジるので、イジっている側は「発信」をしておらずすべるということが限りなく少なくなるためです。

質問などをする相手を間違えると場が凍りつく答えを返してくる場合があります。そのために対応例をいくつかストックしておく必要があります。私の場合は、

STEP1：名残惜しいのですが

STEP2：詳細はメールでください

STEP3：ありがとうございました

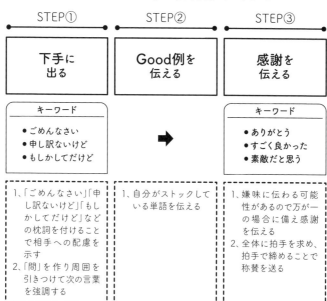

図17 “イジリ”伝え方ポイント

STEP①	STEP②	STEP③
下手に出る	**Good例を伝える**	**感謝を伝える**
キーワード ●ごめんなさい ●申し訳ないけど ●もしかしてだけど	➡	キーワード ●ありがとう ●すごく良かった ●素敵だと思う
1、「ごめんなさい」「申し訳ないけど」「もしかしてだけど」などの枕詞を付けることで相手への配慮を示す 2、「間」を作り周囲を引きつけて次の言葉を強調する	1、自分がストックしている単語を伝える	1、嫌味に伝わる可能性があるので万が一の場合に備え感謝を伝える 2、全体に拍手を求め、拍手で締めることで称賛を送る

と伝えます。深追いすることを避け傷口が開かないように引くことも重要です。双方、大怪我をしますので。

人を成長させるピグマリオン効果

ただ、どれだけ気をつけていても、パチンコ玉理論でも紹介したように「役職」「立場」が変わるとどうしても誤解を受けやすくなります。万が一にも誤解を受けないために「ピグマリオン効果」をご紹介します。

ピグマリオン効果とは、１９６４年にアメリカの教育心理学者ローゼンタールがある実験をもとに発表した理論です。

ある小学校のクラスを対象に、知能テストを行う実験をしました。学級担任には「このテストによって今後成績が伸びる生徒が分かる」と説明しましたが、実際にはそのような効果はない一般的な知能テストでした。

テスト後、結果に関係なく無作為に生徒を選び出し、「今後成績が伸びるのは、この生徒たちだ」と伝えました。担任教師はこれを信じて選ばれた生徒たちに期待して指導をしました。すると、本当にその生徒たちの成績が向上したのです。

このことから、期待と成果の相関関係について、「人は期待された通りの成果を出す傾向がある」という結論が導かれました。

つまり相手に期待や信頼を持って接することで、誤解を招く可能性を軽減することができます。この前提を押さえることが非常に重要です。

特別な存在になる〝返し〟の技術

さて、ここまでは〝イジる〟について説明してきました。恵比寿が紹介しているように〝イジる〟と〝返し〟はセットで覚えておくと効果的に働きます。

本項冒頭で紹介した課題があるような会社では、愛のないイジリや罵倒が横行していることがあります。例えば上司や先輩から「お前は本当にバカだな」「使えないやつ」「だからダメなんだよ」などのセリフをよく耳にする会社。当たり前ですが、これでは職場もギクシャクしますよね。

そんなギクシャクした職場を変えるのに有効なのが〝返し〟の技術です。

返しの技術は、イジられる側が活用することが多い技術です。例えば新入社員や中途社員などは、この技術を持っていると非常に有効活用できます。なぜかというと、入社したてではキャラクターも分からず周囲の方もどのように接していいか分からないことがあるからです。

そのため何気ない言葉でも返しをすることで相手から話しかけられる機会を多く作るこ

とができます。特に、本文でも出てきたように「繰り返し」「例え返し」「ノリ返し」が有効です。詳しく説明していきます。

1 繰り返し

イジリ例：お前は本当にバカだな
返し例：誰がバカなんですか？

小馬鹿にした言葉に対して返すときに使います。「誰が」だけをつけて同じことを繰り返します。もちろん、上司や先輩へ返す場合は、「ですか？」と丁寧に言い換えることが必要です。タメ口をきいた時点で「何だお前は？」と不快感を持たれてしまいます。

2 例え返し

イジリ例：使えないやつ
返し例：人を期限切れのクーポンみたいに言わないでください

言い換えられる言葉を連想しやすいときの返しで使うと最適です。今回の例では他に、壊れかけのラジオ、ジンバブエ・ドル（2015年に廃止された通貨）、ポケベルなどもあります。

3 ノリ返し

イジリ例：だからダメなんだよ
返し例：確かにダメと言われますけど

強い調子で叱責され、例える言葉も思いつかないときに使えます。相手の指摘にノッたふりをして話を展開します。

これらを使用する上で注意点があります。必ず、少し笑いながら話すことです。真面目な顔で返答をすると、相手をさらに怒らせかねませんし、周りの人からは「あれ、マジで怒ったの？」と敬遠される恐れがあります。一流の毒舌芸人さんを見ると、辛辣な言葉を発するときは笑みを浮かべて、周りを萎縮させませんよね。

ただ、返しの技術を最初に使うには勇気がいりますし、習得にも時間がかかります。そこで、最初は練習として自分に対して言われた言葉にではなく、誰か周りの人が言われたときに使用してみてください。通常は「まぁまぁ、そう言わずに」などと仲裁に入ることがあるかと思います。

A上司「お前は、本当に使えないやつだな」
Bさん「すみません」
あなた「そんなA上司、Bを期限切れのクーポンみたいに言わないでくださいよ。やればできるやつですから」

このように、「横から失礼します」といったイメージで会話に入っていくと良いでしょう。このお節介にも見える行動を取るだけで、みんなから「よくぞ言ってくれた」という共感を得られることと思います。Bさんは助けてもらったと感じますし、A上司も言いすぎたと感じているが後に引けない場面を救われるからです。

ぜひ、働きづらいギクシャクした空気に返しの技術で風穴を開けてください！

呼び方を2回変えることで相手との心の距離を測る

ここまで、返しの技術に触れてきました。早速使いたいけれど「誰に対して使えばいいか分からない」という方もいるかと思います。そこで、誰に対して返しを使えば笑いが起こるか判断するための物差しをご紹介します。それは呼び方を2回変えるという手法です。

例えば、職場の飲み会で上司と一緒の席になったとします。最初は、○○部長や苗字で○○さんと呼んでいると思います。その呼び方を徐々に変えてみてください。

STEP 1 ○○部長、または○○さん：職場での呼び方
STEP 2 △△さん：下の名前で呼ぶ
STEP 3 兄さん(姉さん)：「兄さん(姉さん)と呼んでいいですか？」と聞く

ステップ3まで変えても違和感なく接してもらえる人は、返しなどの冗談がかなり通じる関係性まで来ています。また、この手法は取引先との関係性を深めること、心の距離

を測る手法として有効です。

「本当にこんなことしても怒られないの？」と思う方もいらっしゃると思いますが、兄さんと慕ってくれる人に対して悪い気はしないですよね。

ぜひ、呼び方を変える手法を活用しながら、冗談が通じる相手を探してみてください。意外に多く存在すると思います。

また、さらに私が一歩踏み込むのであれば、ボディータッチを活用します。

よく恋愛指南本などで、「女性が男性に対してすると有効である」と紹介されることがあると思いますが、実は男性から男性へのボディータッチも有効です。具体的には、肩をポンッと叩いたり、「○○さん、頼みますよ～！」と言いながら腕を触ることなどを指します。

あまり過度なボディータッチを男性が男性に活用すると意図しない誤解を招く可能性があるのでお気をつけください。

このボディータッチまで特に何も言わず、笑って許してくれる方がいれば大抵のことを許してくれます。

言うまでもありませんが、男性から女性へのボディータッチはリスクが高すぎるので控えましょう。鉄の錠を両手にはめられる可能性がありますからね。

語り継がれる伝説の返し

これだけはお伝えしたいことがあります。お笑い芸人の中でも語り継がれている、伝説の返しが存在しています。皆さんも一度は耳にしたことがあるのではないでしょうか。

それは、明石家さんまさんの話です。

明石家さんまさんが横断歩道を歩いていたときに、急に若者にお尻を蹴られたそうです。普通であれば、激怒して若者を怒鳴りつけるところですが、明石家さんまさんは、「ナイスキック」と言ったそうです。

これ以上の返しはないな、と強く思います。言葉だけでなく、人間としての大きさを感じます。お笑い芸人のみならず憧れますよね。

また、この返しの技術を川谷部長のパートで紹介した理由は、明石家さんまさんのようにイジられ、愛される上司が会社にいれば職場の風土は大きく変わると思っているからです。

イジられる機会が少ない上司の方々に使用していただけると非常に嬉しいです。当たり前ですが、上司が変わらなければ職場は変わりません。

石野の意外な本音

深田は、会議を終えて席に戻ってきたがまだドキドキしていた。会議中に勇気を振り絞りアイスブレイクをしたが、笑いが起こるどころか急なことすぎたため、周囲が不思議な空気になってしまった。すると、川谷部長が明らかに助けに入った。

しかも、あの川谷部長に飲みに誘われた。鬼が飲みに誘ってくれるなんて思いもしなかった。

心を落ち着かせなければと思い明日のスケジュールを確認し準備を始めた。明日は営業訪問だ。以前、「提案してもらってもいい？」と言われた木下さんへの提案だ。

確かに川谷部長との距離は近くなってきた。会議も変わってきたが結局のところ、営業数字を達成しない限り今の状態は変わらない。やるしかない。僕は、徹底的にやる。山本さつきに怒られてから数日。僕は、変わりつつあるんだ！　すると石野の声がした。

「深田さん、ちょっといいですか？」

何だ、石野め。さっき会議で褒められたのを自慢しに来たのか⁉

「どうした？　俺、明日の営業準備もあるから」

「深田さんが話したみちひろさんの話、面白かったです。何だか急だったのでうまく笑えなかったんですが、ちゃんと伝えておこうと思って」

石野と接していると正直自分が小さく見える。本当にできた人間だ。そりゃ営業成績も伸びるよ。それに比べて僕は、何なんだろう。

「あ、ありがとう」

「あと、この前の『数字達成お祝い会』、なんかすみませんでした」

「いや、石野が謝ることはないんじゃない？　俺がもともとはいろいろ言ってしまったわけだから」

「そんなことないです。僕は、何でもそれなりにできてしまうんですが、お酒の席が苦手なんです。なので、深田さんみたいに盛り上げられる人が羨ましいんです」

何でもそれなりにできてしまうという言葉に少々引っかかったがのみ込んだ。石野のそういうことを口にするところが今までイタいと思っていた。でも、少しだけ人として可愛く見えた。石野は続けた。

「何か明日の営業訪問で手伝えることがあったら言ってくださいね！」

後輩に手伝ってもらうのは恥ずかしい気持ちがある。でも、そうも言ってはいられない。深田は意を決した。

「ありがとうな！　じゃあ、お言葉に甘えて。石野は、こんな提案ってしたことある？」

そう言うと深田は、木下さんとの打ち合わせの議事録を石野に見せた。

石野は「なるほど」と呟くと「ちょっと待ってください」と伝え、自分の席からパソコンを持ってきて深田の隣に座った。石野がパソコン上でファイルを一つ開いて見せた。

「これとかどうですかね？」

「見せて！　うん、かなりニーズが近い。ありがとう！」

「とんでもないです。いつでも声かけてください！」

この日、入社して初めて深田は石野に頼った。どうしても今までプライドが許さなかったが、至らない自分を受け入れることができた。

＊＊＊

コンビニに寄ってから家に帰るのが日課になっていた。今日は、布袋尊に何を買っていこう。最初は、バチが当たるのが怖くて仕方なく買っていっていたが、今では喜んでほしい気持ちの方が強い。

布袋尊は、太っていて体調も心配だから今日は「サラダチキン」を買っていった。ダイエットした方が健康的になる。家に着くと布袋尊が枕の上でテレビを見て笑っていた。

「あ〜はははははっ!! やっぱりバラエティは面白いわ〜。おぉ、お帰り！」

「サラダチキンです。お体も心配なので」

「何でやねん！ お供え物でサラダチキンって聞いたことあんのか？ もっと甘味にしてほしいわ。常識やで！」

布袋尊は、サラダチキンをじっと見つめて袋の中に入れた。

やっぱり食べないんだ。というか、食べないのに何で太っているんだろう……。

「で、今日はどうだった？　いろいろあったって顔してるけど」

「布袋さん、そうなんです。今日はいろんなことがあったんです！」

アイスブレイクをしたら川谷部長が助けてくれたこと、川谷部長に飲みに誘われたこと、石野に初めて頼ったこと……。深田は、いつにも増して興奮気味に話をした。

「めっちゃええやないか！　頑張ったんやな！　一歩一歩、頑張らなあかんな。アイスブレイクも最初はポカンってなるかも分からへんけど、筋トレと一緒でちょっとずつトレーニングしていったらええわ」

「でも、やっぱり営業で成績を残さないと変わらないと思うんです」

「お前、だいぶ変わったな。人のせいにばっかりしてたのに！　ええ傾向や」

「そ、そうですかね」

「そうや！　じゃあ、ついにあれを教えるときがきたな」

「あれって何ですか……？」

マズローの欲求5段階説から見える「刺さる言葉」

「焦るな。マズローの欲求5段階説って知ってるか?」

「聞いたことはあります」

「あんな、アメリカの心理学者アブラハム・マズローくんが、『人間は自己実現に向かって絶えず成長する』と仮定し、人間の欲求を5段階の階層で理論化したものを言うんや!」

布袋尊は続けた。

「俺の発明なんやけど、実は、この理論の下から3段目まで(生理的、安全、社会的)の欲求を求めている人と4~5段目(尊厳、自己実現)の欲求を求めている人とでは、刺さる言葉が変わるんや。具体的に言うと」。布袋尊は紙にペンで図を描き始めた(図18)。

「3段目までの欲求を求めている人に対しては、『すごい』の言葉が刺さりやすいんや。何でかというと、社会的に認められたい、自分のやったことに対して評価を受けたいって思いが強いんやな」

「なるほど。イメージが湧きます。僕も、『すごい』って言われると嬉しいです」

図18　マズローの欲求5段階説　刺さる言葉

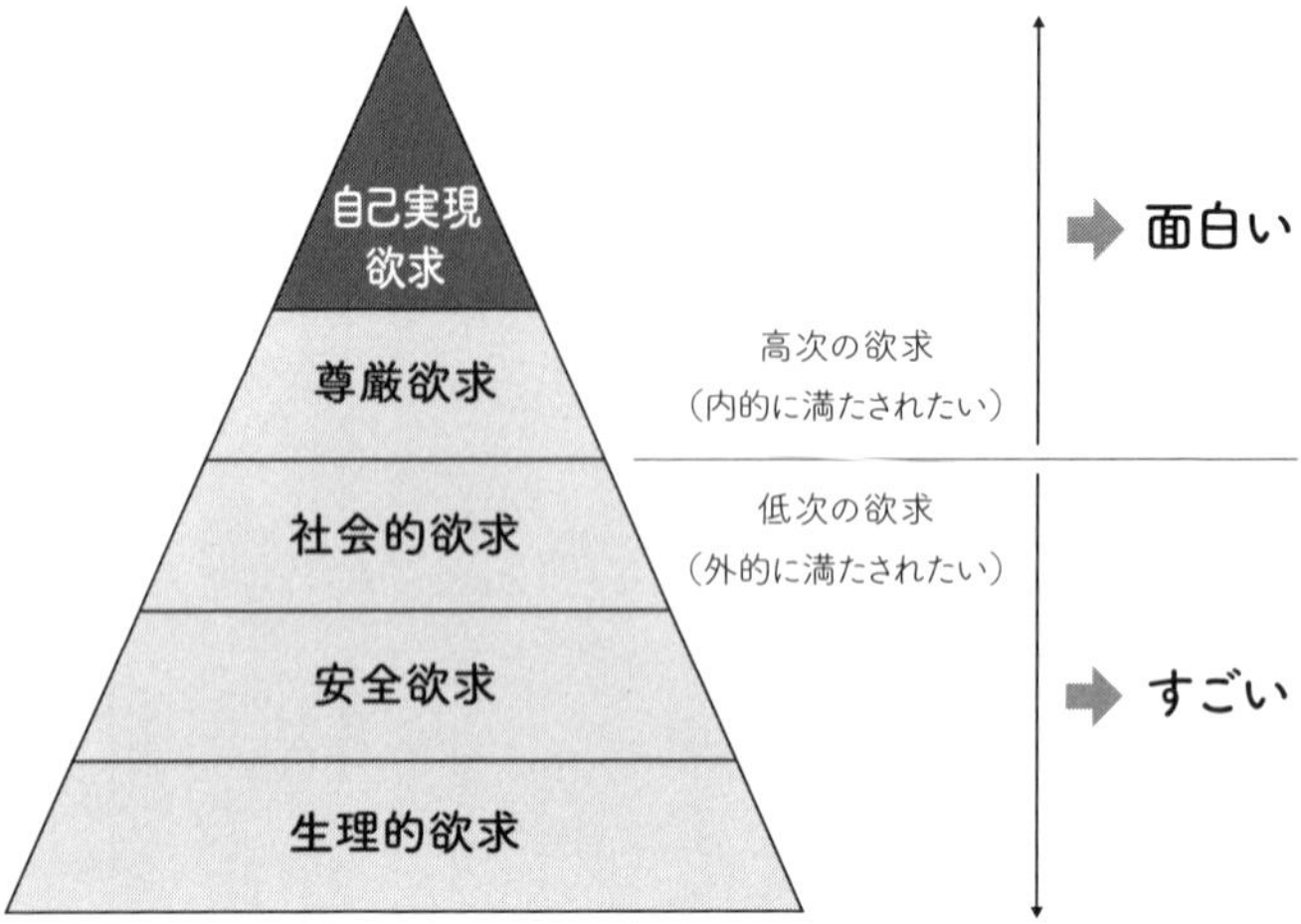

「そや。ほんでや、4～5段目の人には、『面白い』という言葉が刺さりやすいんや。社会的にはすでに認められているため自己実現に興味が湧き、仕事や生活でいかにオリジナリティを出すかに重きを置いてんねん。正直、俺は『面白い』が嬉しいな」

「なるほど。布袋さんは確かに『面白い』ですもんね」

「て、照れるやんけ～！　使い方うまいな～」。恥ずかしがってモジモジしている。

布袋尊が本当に喜んでいる。単純だな。ちょっと可愛らしく見えた。

「布袋さん、明日営業訪問なんですけど、そもそも相手をどんな風に見分けたらいいんですか？」

「いい質問や！　この見分け方なんやけど、ざっくり課長までは3段目までの人が多く、部長以上は4～5段目の人が多いんや。部長昇進っていう狭き門を通った時点で承認されていて、社会的欲求を満たされてるからな」

「なるほど。じゃあ、明日の木下さんは課長なんで『すごい』って言葉を使ってみます」

「ええがな！　やってみ。『すごい』に加えて、それに近い称賛する言葉も合わせて使うんやで。例えば『○○さん、本当にすごいですね』『□□さん、すごいって言葉がチープに感じるぐらいすごいですね』『●●さん、これは伝説になるんじゃないですか』とか、自分なりに引き出しを増やしていきや」

「分かりました！」

布袋尊は、続けた。

「実はな、もっと詳細な見分け方もあるんやで（図19）。具体的に言うと、①体育会系、②クラスの人気者系、③コツコツ真面目系、④オタク系、⑤サブカル系。ざっくりこの5タイプに分けられるんや。これだけやと分からんかもしれんけど具体的な特徴を聞くとイメージ湧くで。明日の木下さんは、どこに当てはまるか確認しながら考えてみ。もちろん、全部がここに当てはまるわけちゃうで。けど、相手を常に想像して事前準備をする。

④オタク系	見分け方	・人を信頼するまでに時間がかかるが信頼したら裏切らない ・あまり人の目を見て話さない ・口の片方だけを上げて鼻で笑う ・好きなことは目を見開いて話をする ・ツボが独特でハマると延々と笑う ・ファッションに関心がない ・カッコつけているのが透けて見える
	刺さりやすい言葉	・それ、僕も「好き」なんです ・めちゃめちゃ詳しいですね
	刺さる理由	・共感や好きなどの直接的な言葉を自分では言えないためドキッとする ・一つのものに対して興味関心が強いため深く理解していることを褒められたい ・自分を受け入れてもらえない前提がある
⑤サブカル系	見分け方	・ファッションに独自性がある ・最初の印象が怖いが打ち解けてくるとぶっちゃける ・意志が強くやると決めたら必ずやる ・一人で急に旅行に出かける ・周囲から変わっていると言われることが快感 ・集団行動や薄っぺらい会話が苦手 ・ヴィレッジヴァンガードやディスカバリーチャンネルが好き ・人目を気にすることをやめている
	刺さりやすい言葉	・面白いですね ・分かる人には分かりますね
	刺さる理由	・人の目を気にせず個性を出したいと思っている ・誰かと同じであること、合わせることに違和感を覚えている

図19　5つのタイプの見分けかた

①体育会系	見分け方	・返事がやけに大きい ・秋口でもファッションが薄着 ・年齢が下と知った途端になれなれしくなる ・ご飯をたくさん食べると喜ぶ ・礼儀に対するフィードバックが多い ・体を張るとよく笑う
	刺さりやすい言葉	・半端ないです ・めっちゃすごいです
	刺さる理由	・上下関係が厳しい中で育ってきた ・よく食べることで先輩に可愛がられてきた ・大げさで大味な褒め言葉を好む
②クラスの人気者系	見分け方	・声高らかに笑う ・食い気味の相槌をする ・ファッションもトレンドを取り入れる ・数名で話していると急に興味をなくすときがある ・ビル街を歩いていると窓に映る自分を見ることが多い ・将来は独立したいと口にする ・人を下げて笑いを取る
	刺さりやすい言葉	・俺なんか全く比較にならないです ・楽しいです
	刺さる理由	・集団の中心だった人が多く、楽しい空気を作りたいと思っている ・本人が一番目立ちたい気持ちがあるため自分を下げるのが良い
③コツコツ真面目系	見分け方	・人の目を見て話をする ・笑顔が硬い ・トークの「オチ」が終わっているのに気になったことを聞いてくる ・すぐ熱い話に持っていく ・真面目であることにコンプレックスがある ・人気者系を軽いと思っている ・イジると受け入れられず不機嫌になる
	刺さりやすい言葉	・本当に勉強になりました ・熱意が伝わりました
	刺さる理由	・勉強をして今があるため「学べる」と思ってもらえることが嬉しい ・面白くないというコンプレックスがあるため熱意や仕事の姿勢を見てほしい

そこが重要なんやで。だから俺のことを考えて『サラダチキン』買ってきたやろ？　失敗したけどめっちゃええことなんや」

あなたと仕事がしたいと思える質問

木下さんは、どんなタイプなんだろう。

「明日訪問する木下さんは、②と③が合いそうですね。ちょっと考えてみます」

「そや。それでいいんや。お前の中で、物差しを持つことが重要や。あとはやっぱり質問が重要やな」

「質問ですか？」

「そや。結局タイプを見極めて相手に気に入られても重要なポイントを質問で聞き出せへんかったら成果は出にくいわ」。布袋尊は紙に描き出した（図20）。

「横軸が『質問の種類』、縦軸が『情熱のこもり方』なんやけど、いろんな質問を投げていって、相手が情熱を込めて話し始めたときにより深い質問をしていくんが重要なんや。調べて出てくるような質問しても相手は興味なくなってまうねん」

図20　質問をして価値観や好きなことを見抜くスキーム

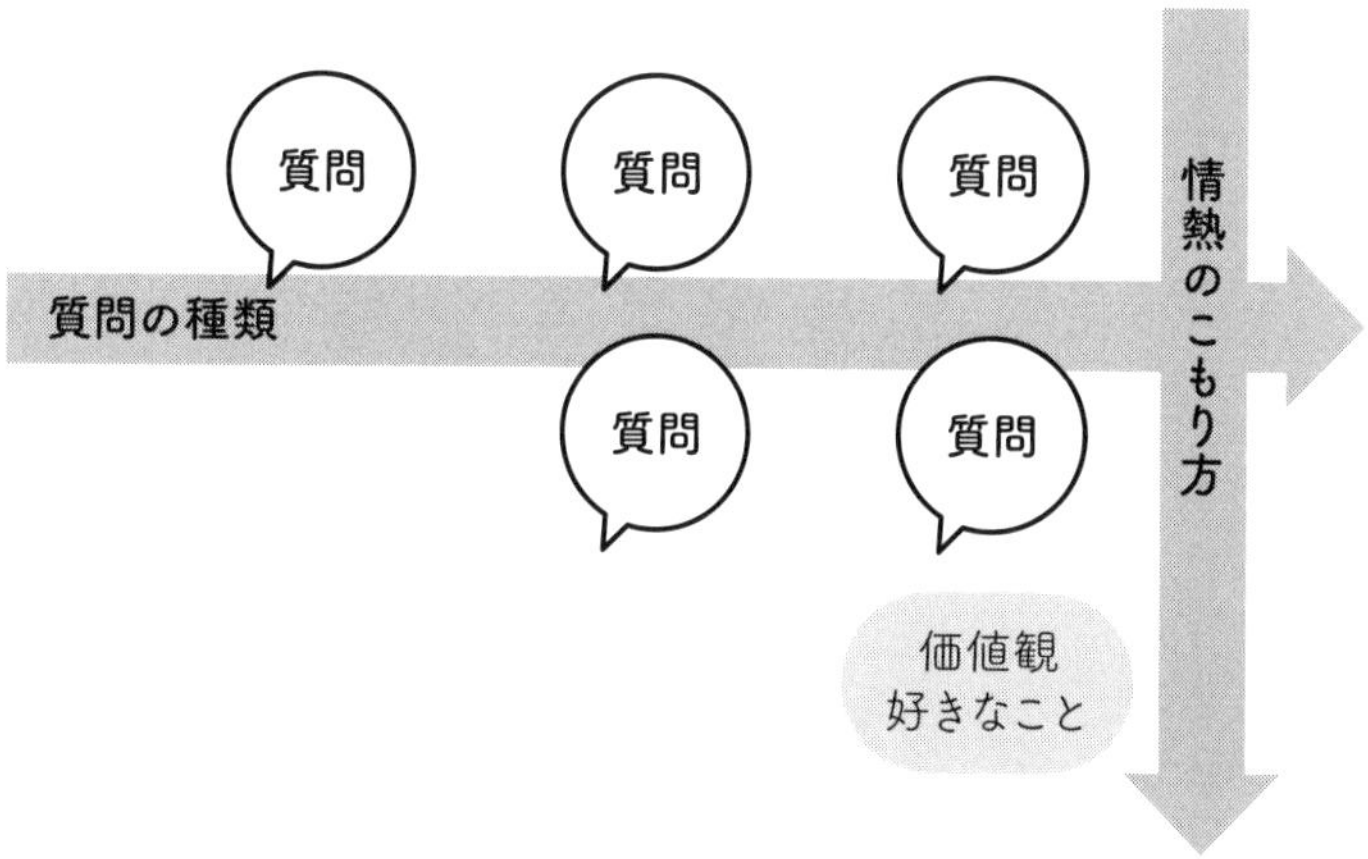

出所：『超一流の雑談力』（安田正著、2015年、文響社）の図を参考に作成

「あぁ、そうですね。ホームページに書いてあるようなことを聞くと『調べてきたのか？』みたいな顔されるときあります」

「そりゃそうや。あかんで！　ほんでや、この質問は絶対に押さえなあかんのがあるんや。それはな……」

布袋尊は「間」をふんだんに使いこちらをニヤニヤしながら見ていた。

「え？　早く教えてくださいよ……」

「あれ？　深田くんそれが人にものを頼む態度かな？」

「すみません。何とかお願いします」と深々と頭を下げた。

「よかろう。それはな……『○○さんのこだわりはなんですか？』、これを絶対に聞いた方がええんや。通常の質問では会社の人間として話をしている。要するに言葉を選んで話していることが多いんや」

「僕、一度も聞いたことがないです」

「そやろ。これを聞くとな、相手がどう思うかというと『会社の人間ではなく自分を尊重してくれる』と思うわけや。そして、本音を吐露してくれる」

布袋尊がテレビを指さした。テレビ画面には、ＭＣがひな壇の芸人に話を振って、振られた芸人が必死にトークをしていた。

「ＭＣの人も芸人の人も、自分を出すのに必死やろ？　会社としての意見言ってる人は誰もおらへん。自分らしいトークをしたり、キャラを模索したりしてもがいとる。ＭＣは、その芸人一人ひとりを生かそうと回してる。その人自体を認めてやるんやで」

「分かりました。僕も、会社の人間としてではなく、その人自体を認めます」

布袋尊にも、石野にも協力してもらい事前準備を十分すぎるほどした。こんなにも充実した準備は初めてかもしれない。きっとみんなやってるんだろうな。今まで「どうせ自分は」とか「あいつが悪い」と思っていたのが恥ずかしい。

自分らしさを新たに作る成功体験

翌朝、アイロンをかけたシャツに袖を通し、今日は落ち着いて見えるように紺色のネクタイを手に取った。

さっきまで大いびきをかいて寝ていた布袋尊が起きていた。

「もう行くんか？　出社早いやんけ」

「布袋さんや石野に協力してもらったことを無駄にしたくなくて、もう一度見直そうと思ってます」

「お前、ほんま変わったな。なんか、ジーンとくるわ。今までありがとうな」

「え？　なんか最後みたいなこと言わないでくださいよ」

「こうしていられるのには限りがあるんや。いつまでも一緒にはいられへんのや」

布袋尊の持っている袋が前はパンパンだったのに、今や何も入ってないかのように萎んでいた。布袋尊は続けた。

「先に言わして。さよなら……」

「え？　こんなにあっさり最後なんですか？　まだ教えてもらいたいこともたくさんあるのに……」

「もう仕事やから早くお客さんのとこへ行きな」

そう言って、手をシッシと払った。

いってきます、と伝え玄関を出た。布袋尊との別れが来るんだろうか。なんだかんだしっかり叱ってくれたり注意してくれたりする布袋尊の存在が本当に嬉しかった。家に帰ってきていなくなっていたらどうしよう。

「ダメだ！　こんな気持ちじゃ」と頰を両手で叩いた。

布袋尊は、僕が変わったことを喜んでくれた。少しでも、良い報告ができるように今を全力で頑張ろう。

思い出した仕事への情熱

お客様先に着き、受付から木下さんを呼び出した。会議室に通されて木下さんがやってきた。相変わらずシュッとしている。

「今日は、改めてお時間をいただきありがとうございます」

「いえいえ、楽しみにしてましたよ」

「あれからご状況は変わりましたか?」

「特にはないですね。あ~、数社からご提案はもらってます」

「そうなんですね」

「今日の御社の提案を聞いて、どことお付き合いするのか決めますので」

「分かりました。とっておきの提案書をお持ちいたしましたので、ぜひよろしくお願いいたします」

一方的に話すのではなく、質問を交えながら進めた。木下さんは、少し硬い印象があったので途中アイスブレイクを織り交ぜた。

「この前、びっくりしたんですけど両親からダンボールが送られてきたんです。開けたらレトルトカレーがいっぱい入ってて、心配してくれてるんだな、って嬉しかったんです」

「良いご両親だね!」

「そうなんです。でも、2日後くらいに食べようとレトルトカレーを取り出したら賞味期限切れてたんです。で、まさかと思って全部確認したらそれも切れてたんです」

「あはははは。それはヒドイね〜」

「家で食べられないから処分するために僕の家に送ってきているんですよね」

布袋尊に言われた通りの構造で話をした。場の空気が柔らかくなったところを見計らい、改めて提案を進めた。

提案書の説明を全て終え、ドキドキしながら木下さんに質問をした。

「いかがだったでしょうか？」

「良い提案だったよ。ありがとう」

ここだ！　布袋尊に言われたあの質問を繰り出すときだ！

「木下さん、この中で特にこだわりたいポイントはなんですか？　木下さんとしての意見を教えてほしいです」

「私の意見か……」

「はい。僕は、御社ともお仕事がしたいです。でも、木下さんと一緒に仕事をしたいと思っているので」

「私は、『自分らしく楽しんで』働いてほしいと思っているんだ。どうしても言われたことをやってしまう。それは、弊社のビジネスモデル的に仕方ないかもしれない。でもだからこそ、自分らしく楽しんで働く、そんなメッセージを伝えたいんだ」

今までお伺いした内容よりも、情熱がこもっているように感じた。自分らしく楽しんで働く。自分も今の会社に入ったときは強く思っていた。でも、働くたびに忘れてしまう。改めてこんな人と一緒に仕事がしたいと思った。

「では、そこに力を入れてお作りいたします！」

「ありがとう！　とても嬉しいです！　なんか楽しみですね」

「僕も、ご一緒できるのが楽しみです。またご連絡させていただきます」


木下さんの会社を出て足がガクガクと震えた。今までで、一番うまくいったんじゃないのか。何だこの手応えは……⁉

「布袋さん！　俺、やったかもしれません！」

空を見上げて吠えた。

通りすがりの人たちが不審な目を向けていた。周囲の目が何も気にならなかった。僕は、もしかすると「自分らしさ」を取り戻せてきているのかもしれない。

相手を見極めた「最高の褒め言葉」

マズローの欲求で「刺さる」言葉は変わる

コンサルタントの仕事では、相手の課題や理想をしっかりと聞き出し、「何を求めているのか」「何を大切にしているのか」を見極める必要があります。そのためには、こちらが発する単語や言い回しの中で、どの言葉が相手の心に最も効果的に「刺さる」のかを知っておかなければなりません。

刺さる言葉が分かっていないと、相手から「何かイメージと違う」「自分の言いたいことが伝わっていないのかな」「この人は分かってくれない」などと思われ、良好な関係が築けず、提案の質を上げられないことがあります。

では、どのようにすれば相手に刺さる言葉を探り当て、上司や取引先と笑顔で話せるような良好な関係性を築けるのでしょうか。

まず前提として「質問力」というスキルもあるのですが、習得するまでに相当な時間と経験を必要とします。そこで、ここでは一言で「刺さる」言葉をご紹介します。

布袋尊からも、「マズローの欲求5段階説」の紹介がありました。簡単に説明すると、人の欲求は生きるために必要な本能的なものから、知的な活動を伴う高度なものまで大きく5段階に分けることができ、低階層の欲求が満たされると、次の段階の欲求へと移っていくという説です。

お伝えしたいのは、下から3段目まで（生理的、安全、社会的）の欲求を求めている人と、4段目以降（尊厳、自己実現）の欲求を求めている人とでは、刺さる言葉が変わるということです。

3段目までの欲求を求めている人に対しては、「すごい」の言葉が刺さりやすいです。なぜなら、社会的に認められたい、自分のやったことに対して評価を受けたいという思いが強いからです。例えば、相手を称賛する意味を込めて、

「○○さん、本当にすごいですね」「●●さん、これは伝説になるんじゃないですか」などの言葉を使うと、認められたいという欲求にリーチしやすくなります。

一方で、4〜5段目の人には、「面白い」という言葉が刺さりやすいようです。社会的にはすでに認められているため自己実現に興味が湧き、仕事や生活でいかにオリジナリティを出すかに重きを置いているからです。

例えば、目をキラキラさせて「○○さん本当に、面白いですね」「●●さんの話は、そのまま漫画化されそうですね」「△△さんの話は、小説みたいにまた次の展開を知りたくなります」など、〝面白い〟という単語を言い換えて伝えると、あなたに心を開きやすくなるでしょう。

さて、ここで問題です。この話はどちらの褒め言葉が刺さるでしょうか?

例：Aさんの話

55歳の男性の話です。彼は、有名な外資系コンサルティングファームの役員をしており、彼が私に話をしてくれました。

最近3つ目の家を建てようと考えているのだが、5階建てが良いと思っていて、地下2階、地上3階を考えている。私は潔癖症だから1階は、プールの消毒槽のようにして、来客者は全員裸になって、消毒槽に浸かってから家に入るような設計にしようと思っているんだ。

この話を聞いて皆さんなら何と褒めるでしょうか？　私がこの話を聞いたときに感じたのは、「すごい」を通り越して「面白い」でした。ちなみに、私が初めて伝えた言葉は「面白いです！　◯◯さんの話は漫画みたいで笑ってしまいます」です。

では、3段目までの人と、4段目以降の人をどう見分ければ良いのでしょうか。私がお笑い芸人やコンサルタントの仕事をしてきた経験からざっくりお伝えすると、課長までは3段目以下の人が多く、部長以上は4段目以降の人が多いといえるでしょう。

これは企業で働く人の多くが、部長昇進という狭き門を通った時点で、承認されたいという社会的欲求を満たされるからだと思います。ある意味では、部長になった時点で選りすぐられている感がありますからね。さらに、3段目までの人は、自分の自慢話や「昔はこうだった」という話を、4段目以降の人は、これからやりたいことや未来の話を多くする傾向もあるように思います。

ちなみに、お笑い芸人の見分け方はシンプルで、売れているか、売れていないかで判断すればだいたい間違いはありません。それ以前に「面白い」が商売ですから「面白い」は嬉しいですよね！　私は、今でも言われると嬉しいです。

質問で相手の価値観を特定する

本文内では、質問を企業の課題やニーズを特定するために使っています。実は、この質問には様々な使用方法があります。商談中でも飲みの席でも至るところで使えます。では、具体的にどのような質問をすると相手の価値観に近づくことができるのでしょうか？

1　素敵な考え方ですね。ご両親からどんな教育を受けられたんですか？

相手のルールを知ることにより、その人自身をさらに理解することができる。また、ご両親への尊敬の念も込められる。

2 成功されたキッカケは何ですか？

成功者は成功のキッカケを言語化していることが多く、その話をしたいと思っている。前提として、自分が成功した理由は話していて気持ちが良いということがある。

3 最も誇らしい仕事は何ですか？

仕事に対しての「スタンス」「こだわり」が見える。その方とご一緒することがあれば仕事を進める上で押さえるべきポイントとなる。

4 言われて嬉しい形容詞って何ですか？

形容詞をヒアリングしておいて相槌や褒め言葉に使用すると外すことが少なくできる。場合によっては提案書などにも使用することで相手にとって受け入れやすいものとなる。

このように、相手の判断基準でもある価値観を特定するために質問を活用するのは非常に有効です。

SNSを見れば「価値観」を簡単に確認できる

さて、ここまでは質問について話をしてきましたが、質問をするには多少勇気が必要です。「こんな質問していいのかな?」「嫌な思いをさせたらどうしよう」など、ブレーキをかける感情が出てきます。

そこで活用していただきたいのがSNSです。具体的には、価値観を確認したい方のフェイスブックやツイッターの写真を確認していただくだけである程度推測することが可能です。

投稿されている写真ではなく、その人のアイコンを確認してみてください。なぜかというと、人は「見られたい自分の姿」をアイコンにする傾向があるからです。

例えば、誠実に見られたいと思っている方は、おそらく背景を白にしてスーツ姿にネクタイをした写真にすると思います。間違いなく、ナイトプールでビール片手にピースしている写真をアイコンにすることはありません。

例えば、自分らしく生きたいと考えている方は、おそらく海外旅行や森の中で笑顔で写っている写真をアイコンにする方が多いと思います。間違いなく、集合写真のように複数人が写っている写真や、飼っているペットの写真をアイコンにすることはないと思います。

私の場合は、大笑いしている写真をアイコンにしています。それは、お笑い芸人からの転職支援「芸人ネクスト」や笑いの力で組織を変える「コメディケーション」など、笑いのメカニズムを活用した事業をしているためです。

ちなみに、一概に言えませんが私がお会いした中で、自分の写真ではなく、「似顔絵」「ペット」「景色」「自分の写真でも妙に撮影距離が遠い」などの写真を活用している方は自分に自信がない傾向があります。

一度、自分のよく知る友達のアイコンを確認してみてください。あぁ〜、分かる、分かる、と感じることが多いと思いますよ。

第6章

一流は好かれるために何をやっているのか

布袋尊の最後の授業

会社に着いても深田の興奮は冷めなかった。川谷部長の席に報告に行くときは、いつも足取りが重い。鉛でも入っているのか、と自分でも笑ってしまうほどだ。でも、今日は違った。足取り軽く駆け足で報告に向かった。

「部長、今日、行った会社が良くてもう興奮していて、いや、なんか受注というか、もういやー。すごいです！」

自分でも何を言っているか分からないほど焦って報告してしまった。

「申し訳ないけど、今の報告、後半モザイクかかってた？　もう一度、報告してもらえる？」

いつもなら「いや、何言ってるか分からん！」とピシャンと突き放されるのにしっかりとつっこみを入れてから促された。

「あ、すみません」

改めて丁寧に報告した。

「深田、よくやった！　先方からの吉報を待とう」

「ありがとうございます！」

続いて手伝ってもらった石野のもとへ行った。

「石野、今日行ってきたんだけど」

「深田さん、おかえりなさい！　どうでしたか？」

「お前のおかげで、いい提案ができたよ」

「すごい！　さすがです。本当にすごいです！」

こいつ……布袋さんから聞いたわけでもないのに天然で「すごい」を使ってやがる。

嫌味なほどできたやつめ。やっぱり後輩だけど尊敬できるやつなんだよな。

「お前にそう言ってもらえると嬉しいよ。ありがとう」

「とんでもないです。また何でも言ってください！」

「あと、もし良かったら、今度、一杯飲みに行こう。お礼するよ！」

「はい！　喜んで」

石野に素直に感謝できる自分がいた。今日の報告は、布袋尊も喜んでくれるに違いない。

コンビニに寄り布袋尊のために、チョコを買った。一番最初に布袋尊に渡したお供え物だ。布袋さん昨日、甘味がいいって言ってたしな。

家に着き「ただいま」と玄関を開けた。布袋尊の「お帰り」の声がなかった。あれ？　布袋さん？　布袋さん!?　どこにいるの？　そんな、まさか……ちゃんとお礼も言えないうちに布袋尊は去っていった。僕は何をやっているんだ。

うなだれて布団に転がった。

枕の上にずっと布袋尊がいたこともあってか、ひどい加齢臭がした。「クサ！」と跳び起きた。思わず笑ってしまったが頬を涙が伝った。枕元に目をやると手紙が置いてあった。

元気か？

急に俺がおらへんようになってどうせ、お前は泣いてるやろ？

ここ数日お前はほんまに頑張った。そして成長した。

お前の周りには素敵な人がいっぱいや。感謝して生きていくんやで。

神セブン　布袋尊

「布袋さん、本当にありがとうございました」。自然と涙が溢れた。

「プッハハハハハ！　お前は、ええやつやな〜」と突然枕の下から声がした。

深田は急いで枕をどけた。

「布袋さん⁉」

「おう！　枕のにおい嗅いで、『クサ！』はひどすぎるやろ！」

「す、すみません。思わず……」

「やっぱりドッキリは面白いな〜」

「勘弁してくださいよ！」

「ごめん、ごめん。別れの悲しみを少しでも軽減してあげようと思ってな。ほんまに今日で最後なんや。袋もスカスカになってしまったわ」

布袋尊が持っていた袋が萎みきっていた。

「お供え物買ってきましたよ！　たくさん入れればいいじゃないですか！」

「いや、これはな、人の徳が詰まってるんや。だから食べ物ではほんの少ししかたまらへんのや」

「人の徳？」

「そうや。神様はな、人の徳をためるとこっちの世界に遊びに来れるんや。今まで何十年もかけてためてきたものやからな」

「そんな大事なものを僕に使ってくれたんですね……」

「かまへん！　かまへん！　見どころがあるやつがおったら使おうと思ってて、お前に使えて良かったわ！」。布袋尊は続けた。

「さて、最後の授業いこうか！　今日はどうやったんや？　達成感が顔に溢れとるけどな」。

布袋尊がいつものようにニコニコとこちらを見た。自然と言葉が漏れた。営業先でアイスブレイクができたこと。提案がうまくいったこと。質問で相手の気持ちを尊重できたこと。

丁寧に一つずつ話を伝えた。

「うんうん、上出来や！」

「ありがとうございます！　これも布袋さんのおかげです」

「でもな、詰めが甘いで。お礼のメールを送るんや」

「お礼はいつも送ってますよ」

「ちょっと俺のはレベルちゃうで」。布袋尊はにやっと笑った。

売れている芸人に学ぶメール術

そう言うと、布袋尊は慣れた手つきで紙に描き出した（図21）。

「これはな、いろんな一流のビジネスパーソンや芸人さんと俺がメールでやりとりしてきたんやけど、そこから割り出した超実践型のフォーマットなんや。ビジネスのお礼・飲み会後のお礼でも全部に使えるんや」

図21　実際のメール：ポイントの解説

①相手の名前を入れる
②その場にいた人しか分からない具体的なエピソード
③相手への配慮
④相手への期待・次回の会への予告
⑤感謝で締める

1 相手の名前を入れる

ビジネスでは当たり前やけど、一緒に場をともにした人全員の名前を入れるんや。

2 その場にいた人しか分からない具体的なエピソード

商談や飲み会で具体的に話した中で、自分が共感した内容や相手が熱を帯びた部分を抜粋して載せるんや。商談の場合やと議事録の代わりに軽く残しておくのも後日ズレがなくていいわな。

3 相手への配慮

「お忙しい中」や「明日の仕事があるにもかかわらず」などの相手への配慮を入れるんや。

4 相手への期待・次回の会への予告

「今後、ご一緒したい」など自分が相手のことをどのように感じているのか、期待を込めて伝える。遠慮して言わへんやつもおるけどそれはいらん遠慮や。

5 感謝で締める

時間をもらったこと、場をご一緒させてもらったことの感謝を伝えるんやで。これは当たり前やな。

「必ずこの5つの内容を入れて送ることが重要なんや。しかもや、その一流の人たちは、どんな方に対しても『部下』『後輩』『年齢』に関係なく何十年も送り続けてるんや」

「継続することが重要ということですね」

「そうや！　継続が難しいんや。お前も今まで学んだことはいろいろある。今は、俺もおるからできてるけど、いなくなったら気が抜ける。継続していくんやで」

「分かりました！　あのときの自分にはもう戻りたくありません」

「ええ心がけや！　お前は、成功体験を積んだ。このまま走れ！　ほんで、今度部長と飲みに行くやろ？　せっかくやから俺が持っているスキルを全部託してくわ。接待でも何でも使えるから覚えときや！」

「ぜひ、お願いします！」

飲み会で相手の心はつかめるのか

「七福神のみんなもな、ほんまに酒好きやねん。昔、俺が七福神に入る前に恵比寿さんによく飲みに連れていってもらったんや。漢気ある神様やで！　今も手伝ってくれてるし」

「手伝ってくれてる……？」

布袋尊が大きく咳払いをした。深田の言葉を遮るように。

「ほんでや！　具体的に何やってるかというと3つの無敵のスキルなんや。これには『言い方』が重要なんや！　バカにしてるような人にやったらあかんで。それは何やっても見透かされるからな。俺も神様になる前は、よく『軽い、軽い』って怒られてたわ」と布袋尊は続けた。

1 連れてきてもらったお店を褒める

- 言い方：ここに妻（夫）・彼女（彼氏）を連れてきていいですか？
- 理由：これはな「また来たい！」って直接的に言うといやらしく伝わってしまうときがあるから間接的に、「大事な人を連れてきたいほどいい店ですね！」と褒めることが重要なんや。

2 時計を見て時間経過に驚く

- 言い方：えっ⁉　もう3時間も経ってるんですか？
- 理由：「楽しい」ということを時間経過で伝えるんや。ちゃんと腕時計つけとくんやぞ。携帯電話やと先輩・上司の前で見ると尊重されてないと感じる人も中にはいるからな。

3 たまに反論されて丸め込まれる

- 言い方：僕が思うのは……など相手の意見に対して自分の意見をぶつける
- 理由：イエスマンと飲んでいても面白くない。だから、たまに反論して自分の意見をぶつけるんや。頃合いで、先輩・上司の意見にうまく丸め込まれるんや。酔ってる席での論破は、先輩・上司からしたらどんな酒よりもうまいんや。

先輩や上司の太鼓持ちをしている人を見たことがあるが、しっかりと説明されるとこまやかな配慮が多く驚いた。布袋尊は続けた。

「でもな、こんな話をすると先輩・上司にただ媚を売っているだけだと思われてしまうこともあるんや」

「そうですね。そう思う人もいるかもしれません」

「だから重要なのは『好ましく思う人』『尊敬している人』に対してやることなんや。だから本質は、媚ではなくいかにこの場で相手に楽しんでもらうかという『配慮』なんや」

「『媚』ではなく『配慮』なんですね。確かに、好きな人が楽しんでくれたら嬉しいです」

「ええことや！　素敵な『配慮』を心がけるんやで」

布袋尊は、「ふ〜っ」と息を吐いた。

「俺は、ここまでや。ほんまお前と会えて楽しかったわ」

「なんか、寂しいですね」

「そう言うな。俺もお前に頼られて嬉しかったんや。やっぱり七福神は、恵比寿さんとか大黒さんとかが有名やろ？　それでも、そんな俺を好きでいてくれたから、祠に来たときにいつかお前にこうして会いに来たいなと思ってたんや」

「本当に、嬉しいです」

涙がこぼれた。

「泣くなや。なんか照れるやんけ……。面白い人生を自分で作れよ」

すると急に部屋が強い光に包まれ、深田は目を閉じた。気がつくと枕の上には、祠で手に入れた土の人形が落ちていた。

明日は、営業会議だ。

入社して初めて笑顔で行けそうだ。

「またご飯を一緒に食べたい」と思わせる後輩スキル

「社内営業」はなぜ重要なのか

コンサルタントという仕事柄、新入社員をはじめ若手社員向けの研修を企画することも多くあります。研修内で受講者の方からあがる声で「上司・先輩に可愛がってもらえない」「可愛がられるキャラは持って生まれた才能だ」など、職場のコミュニケーションに対して悩んでいる方が多くいらっしゃいます。

自分は可愛がられなくても別に構わないと思っている方も中にはいらっしゃると思います。ですので、前提としてお伝えしますが、可愛がられると多大なメリットがあります。

会社で成果を出すためには、まずは社内の上司・先輩に認めてもらってからでないと、お客様の前に出るチャンスや、やりたい仕事がもらえないからです。

これは、お笑い芸人も全く一緒です。事務所のマネジャーさんに面白いと言われない限り、事務所のライブやテレビのオーディションなどは受けることさえできません。売れる以前の問題です。

まずやるべきは、「社内営業」だということです。社内で自分の得意分野や実績をアピールすることで、成長機会を多くもらえます。そして機会が増えれば増えるほど成長が必然的に加速します。

ここまで言うと、自分は可愛がられないから向いていない、と思う方もいると思います。ご安心ください。可愛がられる「後輩スキル」は誰でも磨けるものです。

まずは一つ、極めて実用的なスキルをご紹介します。私がお笑い芸人をしていた頃、「若手を飲みに連れていっても、お礼メールがこない」とぼやく先輩の声をよく耳にしました。縦社会のお笑いの世界では、礼儀をわきまえることは芸を磨く以前の問題です。もちろん、ビジネスの世界でも、ごちそうになった方へのお礼がきちんとできるかどうかは、最初の一歩として大きく影響すると思います。

できるお笑い芸人は、先輩にごちそうになったとき、お礼を4回します。それぞれのお

図22　お笑い芸人がやっている“後輩スキル”

4回のお礼

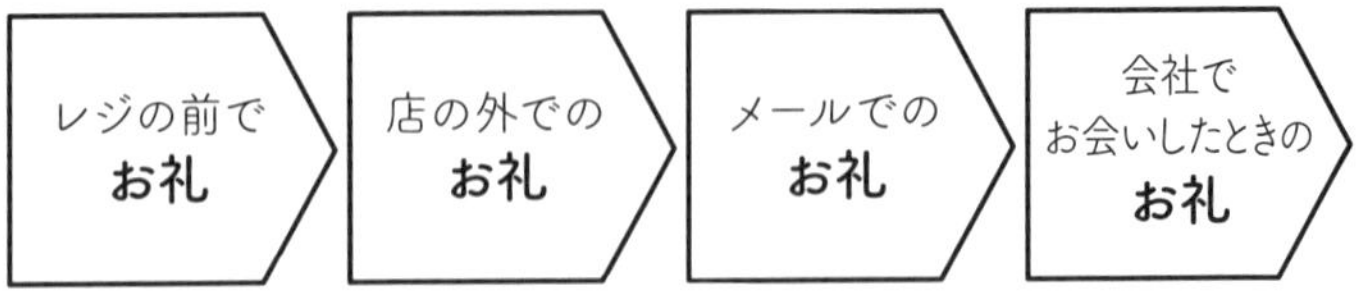

礼には全て意味があります。図22をご覧ください。

1回目：レジの前でお礼をする
先輩にごちそうになったことを店内の方々に伝える

2回目：店を出てお礼をする
先輩に感謝を伝える

3回目：メールでお礼をする
先輩が家族に見せられるように伝える

4回目：会社で会ったときにお礼をする
先輩からごちそうになったことを職場の人に伝える

この4回のお礼をすると、最後のお礼のときに「また飯行こうな」と誘われるので、その場で日程を決めましょう。前のめりの姿勢は、可愛がられる後輩スキルの重要なポイントです。

飲み会で相手の心をつかむ5つのスキル

さて、ここからは具体的にどのように飲み会の場で、先輩・上司の心をつかむための行動を取っているのかに触れていきたいと思います。布袋尊が紹介したのは、3つですが、実は5つあるんです！

お笑い芸人の世界では先輩に気に入られる行動のことを「いれる」と言います。ちょっと〇〇先輩に「いれてくるわ」のように使われています。

ただあくまでもバカにしているのではなく、「相手のことが好きで、尊敬している人」であるからこそ楽しんでもらうために実践しています。上辺だけでなく気持ちも込めていただけると効果も大幅に向上します。

さて、ここからは具体的に心をつかむ残りの2つのスキルをご紹介します。このスキルを使いこなすために重要なのは「言い方」の部分です。

1 先輩・上司が飲んでいるのと同じ飲み物を飲む

●言い方：○○さんが飲まれているお酒、いかせてもらっていいですか？

●理由：一緒のものを飲むことで心理的距離が近くなる。さらに「いかせてもらっていいですか？」の単語に兄貴（姉御）肌の先輩は喜びを感じる。

2 自分がトイレに行く場合

●言い方：話が面白くてずっとトイレを我慢してました。僕がいないときに面白い話をしないでくださいね。

●理由：生理的な行為をも凌駕するほど面白いと遠回しに伝える。また、「すみません」という単語を使わない。すみませんと言うだけで気持ちが盛り下がる可能性がある。

このスキルを使う芸人さんの中には、自動車が買えるほど先輩から食事をごちそうになっている人もいます。ただ、媚を売っているわけではなく、本当に相手を楽しませるためにやっています。中には、媚を売りまくっている人もいるようですが心が見え透いてしまうとうまくいかないですよね。

会社の中で「気に入られないと！」「可愛がられないと！」と自分を追い込んでしまっている若手の方もいらっしゃると思います。プレッシャーを感じる必要は全くありません。「今日も上司・先輩にいれるか！」「どうやっていれようかな？」と楽しんでもらえたらと思います。

人生を楽しくするＡＢＣ理論

念のため、楽しむにはどんな考えでいれば良いのかをお伝えさせていただきます。「ＡＢＣ理論」という考え方をご存じでしょうか？　アルバート・エリスが１９５５年に提唱した「論理療法」の中心概念です。

- Activating event（出来事）
- Belief（捉え方）
- Consequence（結果）

この3つの単語の頭文字を取ってABC理論と呼んでいます。

さて、どんな理論かというと、ある出来事（A）に対して、こういう結果（C）が発生しているとしましょう。その結果（C）は、捉え方（B）が招いているものであるということです。つまり、捉え方（B）次第で、結果（C）が変わります。

お笑い芸人がなぜ、貧乏で不幸な出来事が起こっても楽しんでいられるかというと、捉え方（B）として「面白い」という物差しを使い物事を判断しているからです。何が起きても面白いと捉えられるのであれば、相当タフな人材ですよね。

例えば、相手が怒ってきたとします。自分が悪ければ反省して改善する必要があるかと思いますが、理不尽で受け入れられない場合は、捉え方（B）を変えて、面白く捉え直してみてはいかがでしょうか。

第7章 数字で見えなくなっていたチームの笑顔

「シネマワーク」で背景や価値観を共有しよう

川谷は、久しぶりの上機嫌だった。「数字達成お祝い会」の日からいかに自分のマネジメントが甘かったかを思い知らされる日々が続いたが、今日はなんとその部下を飲みに連れていく約束まで取りつけたのだ。

書斎でビール片手に恵比寿と話をしていた。恵比寿もビールをグビグビ飲んでいる。

「恵比寿さん、まさか深田がアイスブレイクをしてくるとは思いませんでしたよ。緊張して私も、しっかり『返し』ができてなかったかもしれません」

「いや、兄さんもええ『返し』やったで！　『俺は、大爆笑だったぞ！』ってええと思うよ」

「なんか、あいつも変わろうと必死なのかもしれませんね！」

「そうや。みんな必死なんや。兄さんだけじゃないんやで。部下もそれぞれ悩んでるんや」

そう言うと、グビグビとビールを飲み干した。もう一本のビール缶を「プシュッ」と開けた。一体、どこに吸い込まれているんだろう。神様って本当に酒飲みなんだな。

「部下も悩んでるんですね。石野も今までなかった提案をしてきましたよ！　ここしかない、と思ってなんとか褒めました」

「めっちゃ、素敵やん！」

「他にも、深田を飲みに連れていくんです！　あんなに頭に来ていたのに、あいつの行動に心打たれて」

「ほんまに成長したな。あんな、上司が部下を選べないように、部下も上司を選べないんや。コミュニケーションは結局、相互関係やからな。双方が認め合うことで良い関係が生まれるんやで」

「そうですね。僕は一方的だったかもしれないです……」

「そう凹むな！　ここからは捉え方をポジティブに変えていかんと！　チームが良くなっ

てきてるんやから」

「はい！　おごらず頑張ります」

「よっしゃ！　とっておきのワーク教えたろか？これはな、七福神を組んだときに仲良くなってほしいからやったワークなんやけど」

「なんか、すごそうですね！　教えてください！」

「シネマワークって言うんやけど、ルールを説明するで！」

●シネマワークのルール

1 自分の人生を形作っていると思われる重要な経験を思い出す

2 映画のワンシーンのように絵で見える化する

3 最低3枚以上描く

4 チームでその絵を一人ずつ順番に共有する

●シネマワークの狙い

1 相手の生きてきた背景や価値観を理解する

2　理解し親しみを感じることで相手の言動に対する捉え方を変える

「ほんでや、このシネマワークがうまくいくためには気をつけるポイントがあるんやで。何となくやってもうまくいかへん。だから耳の穴をかっぽじってよく聞くんやで」

「分かりました！」。ビールの缶を置いて集中した。

「よし！」

恵比寿は続けた。

【押さえるポイント】

ポイント1：時系列に出来事を描くと内容が薄くなるんや。だから自分の人生に影響を与えた出来事のワンシーンを描くんや。

ポイント2：絵は3枚以上描くんやで。2枚やと背景や価値観が見えん。ワークをやると「描けません」みたいなことを言うやつもおるんやけど、そんな思い出がないわけないねん。

ポイント3：文字じゃなく絵で描く。絵で表現すると、より鮮明に相手にイメージが伝わりやすいんや。「絵下手やから……」っていうやつもおるんやけど描いてもらったらええよ。

ポイント4：切り口が人生だと広すぎてシーンが思いつかへん場合がある。そしたら「仕事」で限定してもいい。

ポイント5：発表の順番は、上司から発表するんや。上司も恥ずかしくて部下から発表させようとするんやけどそれは悪手や。上司から自分をさらけ出し部下の心を引き出すように持ってくんやで。

「特に5が重要なんや。上司から話して基準を設定しないと、部下は絶対に本音を吐露せえへんからな」

「そうですね。基準を示してあげないとダメですね」

「そうそう。上司も気をつけなあかん。本音で喋ってるつもりが気持ち良くなってしまって武勇伝を延々語ってるやつもおんねん。『また苦痛な時間が始まったわ……』って思われるんも注意やで！」

「気をつけます……」

「気をつけや。まぁ、言うても『返報性の原理』っていうのがあるから大丈夫やと思うけどな」

「『返報性の原理』ですか？」

「デール・カーネギーくんの『人を動かす』って本にも書いてあるやろ？　人は、誰かに何かをしてもらうと、そのお返しとして、その人の望みを聞き入れてあげようとしてしまう傾向があるんや。要はや、上司から本音で話したら部下も話をするってこ……」

恵比寿は、クッションの上にパタンと倒れた。

「あれ、恵比寿さん飲みすぎですか？」

「……」

恵比寿の返事はなかった。様子がおかしい。急に動かなくなった。どうしたんだろう。

「恵比寿さん⁉　恵比寿さん⁉　大丈夫ですか？」

「うぅ……大丈夫や」

恵比寿はゆっくりと起き上がった。

「すぐ、水持ってきます！」

書斎のドアを開けようとした手に、恵比寿が投げた釣り竿の糸がからまった。なんという芸当だ……。

「兄さんが釣れたな！」

またいつもの笑顔が戻っていた。恵比寿は続けた。

「そろそろ終わりやな」

「何が終わりなんですか？」

「もうこっちの世界にいるのが終わりの頃や。もうちょっと長くいれると思ったんやけどな」

恵比寿が自分が出てきたのと同じビールの缶を釣り竿で指した。

「缶ですか？」

「やっぱり缶から出たから、あんまり長いこといられへんのよ」

何だその理由……。神様の常識が相変わらず分からない。

「今日は、ゆっくり寝ますか？」

「そうさせてもらう。先に言うとくけど、次が最後の授業になると思うわ。そのつもりで明日は会社行っておいで。今まで僕が伝えたことを振り返って一つひとつ丁寧にやってみいや。あと、奥さんとの会話は大切にな」

「そうします。おやすみなさい」と伝え、書斎の電気を消して部屋を出た。

パートナーの言葉に耳を傾けよう

寝室へ行くと、妻と娘がすでに眠っていた。起こさないようにゆっくりと布団に入った。

妻の声がした。

「あんまり無理しないでね」

「あ、うん。もうすぐ終わるよ。心配かけたね」

「仕事が終わったら旅行忘れないでね」

「うん。もちろん。実は俺さ、最近また仕事が楽しくなってきたよ」

「あら、そんなに何度もあなたの口から聞くなんて。いいことね」

「そうか？」。川谷は少し照れた。

「そうよ。仕事の話をするときはいつも『鬼みたいな顔』をしてるんだから」

「そうだな……」

川谷は反省した。そして続けた。

「深田って部下がいるんだ。本当に仕事できないやつなんだけど、何か一生懸命で、飲み会しか盛り上げられなくて、後輩にもすぐに抜かれて、でも、ほっとけなくてさ」

「フフフフフッ」と妻が笑い出した。

「何で、そんなに笑ってるんだ？」

「だって昔のあなたそっくり」

「そうか？　もっとスマートに仕事してただろ？」

「そんなことないわ。あなたは高木専務に憧れて入社しただけで、今の会社に興味もないし。でも、高木専務には好かれようと一生懸命、仕事だけはがむしゃらにして」

「そうだったっけ？」

川谷は笑えてきた。

「そうよ。明日も早いでしょ？　おやすみ」

「おやすみ……」

恵比寿が言っていた「奥さんとの会話は大切に」とは、こういうことだったんだろうか。妻の言葉はいつも革新的だ。七福神に指導でも受けているんだろうか。

勤続年数のせいか、忙しさで目の前しか見えていないからなのか、自分の思い出の絵を描き変えていたのかもしれない。いつか、深田やチームのメンバーとシネマワークをして自分のカッコ悪い部分も見せられたらいいな。そんな思いを巡らせて目を閉じた。

＊＊＊

朝起きると妻が朝ご飯を作っていた。お味噌汁、納豆、シャケ、白ご飯。いつもと変わらない食事。これが安心する。心理的安全性ってこういう表現の仕方もあるんだな。

食事を済ませ「いつもありがとう」と呟き自分の担当でもある皿洗いを済ませ、書斎を覗きに行った。恵比寿はクッションの上でゆっくりと眠っているようだ。寝息が一つも聞こえず心配になり恵比寿の口元に耳を近づけた。

「わっ‼」と大きな声がした。耳がキーンとなり驚いて、後ずさりしてしまった。

「やっぱりドッキリは面白いな～。なんか、兄さんスッキリした顔してんな」

「妻に言われたことで気持ちが晴れました」

「そうか！　ええことや！」

「なんか、七福神に指導でも受けてるのかと思うくらいバシッと核心をついてきましたよ」

「そ、そ、そんなわけ、ないやろ！」

恵比寿は明らかに動揺し目が鯛より泳いでいるように見えた。まさかな。

「ですよね。じゃあ、行ってきます」

「頑張っておいで！」


満員電車に引っかからないために7時頃に出社するのが日課になっている。自分の席に着いて仕事をし始めた。珍しく今日は一日中社内で仕事をする予定だ。営業部長として背中で語るために外に出ては受注を積み上げてきた。会社にいる時間もしっかり作らないとな。

「おはようございます」

山本さつきが元気よく話しかけてきた。

「おはよう。朝から元気がいいな」

「はい！　あの……一つお伺いしていいですか？」

山本さつきは、聞きづらそうに質問を投げかけてきた。

「なんだ急に。何でも聞いていいぞ」

「営業部のメンバーが最近、笑顔が多いように思うのですが、何か特別なことをされたんですか？」

「まぁ、いろいろな」。何から説明すればいいのか。

「もし良かったら今度、相談に乗っていただけないでしょうか？　管理部の会議がお通夜みたいで。私一人で頑張っているのですがどうしても効果が出なくて」

まさか山本さつきから相談を受けることになるとは。優秀で強く見えても悩んでいるんだな。

「なるほど。いいぞ。今度、時間を取ろう。ちなみに、その前に実用的なワークがあるんだけど『シネマワーク』って知ってるかい？」

「『シネマワーク』ですか？」

説明が終わると山本さつきは笑顔で席へ戻っていった。川谷は、人助けをした気持ちになっていた。ただ、自分で思いついたワークのように語ったのが恥ずかしく感じた。恵比寿に「すみません」と心の中で謝った。

「おはようございます」。石野が出社した。相変わらずゆとりを持って出社してくる。そつなく何でもこなす石野が今朝に限って、時計を見たり、資料に目を向けてはすぐにトイレに行ったり、明らかに集中力がなくソワソワしていた。

どうしたんだ石野は？　川谷は気になって石野に話しかけた。

「石野、ソワソワしてどうした？　気になることでもあるのか？」

「あっ、川谷部長⁉　す、すみません」

「大丈夫か？　本当にどうしたんだ？」

「いや、実は今日は深田さんが最終提案をする日なんです。その結果がどうなるか気になっていて。9時から訪問なのに、結果が今からすごく気になっているんです」

「石野、お前は優しいやつだな」

「いえ、深田さんがいてくれたので僕はこの会社に早く馴染めたんだと思います」

「そうか。でも、お前がソワソワしていると深田も気にしてしまうだろうから、自然体で席に着いているようにしろよ」

「わ、分かりました！　そうですよね」

深田は本当に愛されているんだな。少し羨ましく思えた。

「本当に大切なもの」を取り戻そう

すると深田が営業から戻ってきた。バタバタと相変わらず騒がしい。真っ先に私の席に向かってくる。いつも吐きそうなほど気分が悪い顔をして私のところに報告に来るが、今日は興奮気味で駆け足で席までかっ飛ばしてきた。これは大きな失敗をしたかな……。

「部長、今日、行った会社が良くてもう興奮していて、いや、なんか受注というか、もういやー。すごいです！」

今日も、恐ろしいくらい何を言っているのか分からない。深田自身も「何を言ってるんだ？」と不思議そうな顔をしていた。まじまじと見ると「コイツはなんかほっとけないな」とクスッと笑ってしまう。川谷は続けた。

「申し訳ないけど、今の報告、後半モザイクかかってた？　もう一度、報告してもらえる？」

　用意していた通りにイジることができた。我ながら感心したが、恵比寿との練習の成果だ。本当にありがとう。深田にも嫌味には聞こえず、「自分が言っていることが伝わってない」ことに気づけたようだ。

「あ、すみません」と言うと深田は丁寧に一つひとつ説明した。

「深田、よくやった！　先方からの吉報を待とう」

「ありがとうございます！」

　深田の報告は珍しく非常に良い報告だった。アイツもアイツらしく本当に頑張っている。深田は、恥ずかしそうに石野のもとに報告へ向かった。石野の安心した顔が見えた。いつの間にか、いいコンビになっていたんだな。少し目頭が熱くなった。

　今までは見えてなかった、営業部のチームメンバーや同じフロアの人たちの表情が見えてきているのを感じた。目の前の仕事に没頭して、大切にすべきものを大切にしていなかった。

　自分は数字ばかりを追いかけてきた。それは決して間違いではなかった。でも、足りなかったんだ。いつしか仕事を楽しむことを忘れてしまっていた。そして、営業部のメンバーに楽しまないことを強要していた。

私は、「営業部のメンバーが笑って過ごせるチーム」を作りたかったんだ。改めて自分の実現したいことを心に決めた。

上司と部下のコミュニケーションは相互関係である

「褒める」ことで距離を縮める

時代とともに企業内の人間関係も変化し、現在は一人ひとりの個性を引き出すマネジメントスタイルが求められています。しかし実際は、上司から「部下が何を考えているのか分からない」「本音を話そうとしない」といった声が聞こえてきます。個性を引き出す以前に、本音すら話してもらえない状況といえるでしょう。

どうすれば上司に対して部下が笑顔になり、本音を話したくなるでしょうか？　まず、前提として「コミュニケーションは相互関係である」ということを忘れてはいけません。

例えば、「部下の○○くんは本音を言わない」と悩んでいる上司がいたとします。一方で部下は、ほぼ間違いなく「上司の○○さんは本音が見えない」と同様の悩みを抱えているといえます。

つまり上司が「何だ、この部下⁉」と思っているならば、部下もあなたが上司で残念に思っているということです。

では、どうすれば笑いを交え、互いの距離を近づけることができるのでしょうか。それは、恵比寿がすでに紹介している「褒める」という手法です。

ポイントは、大げさに部下を褒めてあげることです。実際は「猫」だとしても「虎」だと褒めてみましょう。特に川谷部長のように普段褒めることをしない上司から褒められるのは効果絶大です。

ただ、表面的に褒めるだけでは、怖い上司とか気難しい上司から、うさんくさい上司へと変化するだけです。もはやマイナスとも取れます。「上司の〇〇さん、最近、不気味……」と噂が立ってしまいます。

では、具体的に何に対して褒めると部下が笑い、本音を引き出せるのでしょうか？

過去を振り返り、親しみや愛着を引き出す

コミュニケーションは相互関係だからこそ、互いの背景や価値観を理解し、価値観に対して褒めることが重要となります。

お笑い芸人が売れ始めると、必ずと言っていいほど「地元の街を巡る」「両親を番組に出す」「友人が昔のエピソードを語る」など、そのお笑い芸人の過去を振り返る番組が組まれます。これは過去を知ることで、その人の背景や価値観を理解でき、それが親しみや愛着といった感情を呼び起こすからです。

もちろん、企業の中ではこんな番組を作るほどの時間もお金もかけられません。そこで、弊社が企業研修などで実施しているのが「シネマワーク」と呼ばれるワークです。図23をご覧ください。

このように、自分の人生を形作っていると思われる重要な経験を映画のワンシーンのように絵で見える化し、互いに共有するのです。相手の生きてきた背景や価値観を理解し、親しみを感じることで、相手の言動の捉え方を変えるワークです。「人生紙芝居」といっ

図23 シネマワーク

今までの人生の中で、今の自分を形作っている経験を絵で表現し
映画のワンシーンのように作成してください

シネマワーク（例）

て良いかもしれません。

お気づきの通り、上の絵は私の人生を形作っている経験です。

1 大学2年生のときに大好きな人ができたので120名のサクラを呼び、告白ライブを開催しました。見事にフラれました。

2 大学を中退し、お笑い芸人になりました。初めて爆笑を取ったとき、100人以上が一斉に笑うと「ドカ～ン!!」という爆発音に聞こえました。

3 お笑い芸人を辞めることを決断しました。初めて人生で「夢」がなくなり、何のため

に生きているかを見失ってしまいました。涙が止まりませんでした。

4 会社員人生6年を経て、株式会社 俺を設立しました。「夢」がなくなり、人生を諦めかけた自分が、新たな「夢」を描き、歩み始めました。

いかがでしょうか？ 稚拙な絵でお恥ずかしい限りですが、この4枚の絵を見て、説明を読んでいただくと、私という人間を以前より理解していただけたのではないでしょうか。

このワークは特に、上司から話し出すことが重要です。また、上司が武勇伝を話すだけで聞いていられない場とならぬよう注意しましょう。「また始まった。はいはい」と部下から思われてしまいます。

年度の初めに新しいチームを任されたときや、組織の風通しがちょっと悪いなと思ったときなどに、ぜひ実践してみてください。

モチベーションを見える化し、「やりたい」を見出す

私は、「夢諦めたけど、人生諦めていない人のために」をコンセプトとしたお笑い芸人からの転職支援「芸人ネクスト」という事業も展開しています。具体的にどのようなサービスかというと、売れなかった芸人・アイドル・俳優などの方々を対象に、1カ月〜1カ月半ほど社会人の基礎的なスキルをお伝えしてから企業への転職を支援するサービスです。芸人を諦めた方々は「やりたいこと」がなくなり今後何をしたらいいのか、非常に悩んでいます。そこで活用するワークが「モチベーション曲線」です。

次ページの図24は私のモチベーション曲線になります。サンプルということでかなり大まかに書いています。人生を5年区切りで幼少期から洗い出すとより鮮明に見えてきます。元芸人の方で今までで一番多くて8枚ほど記載してきた強者もいます。

幼少期から現在までの出来事を洗い出し、モチベーションがプラスに移動した出来事、マイナスに移動した出来事を書いてもらいます。

書くにあたり重要なことは3つあります。

図24　モチベーション曲線

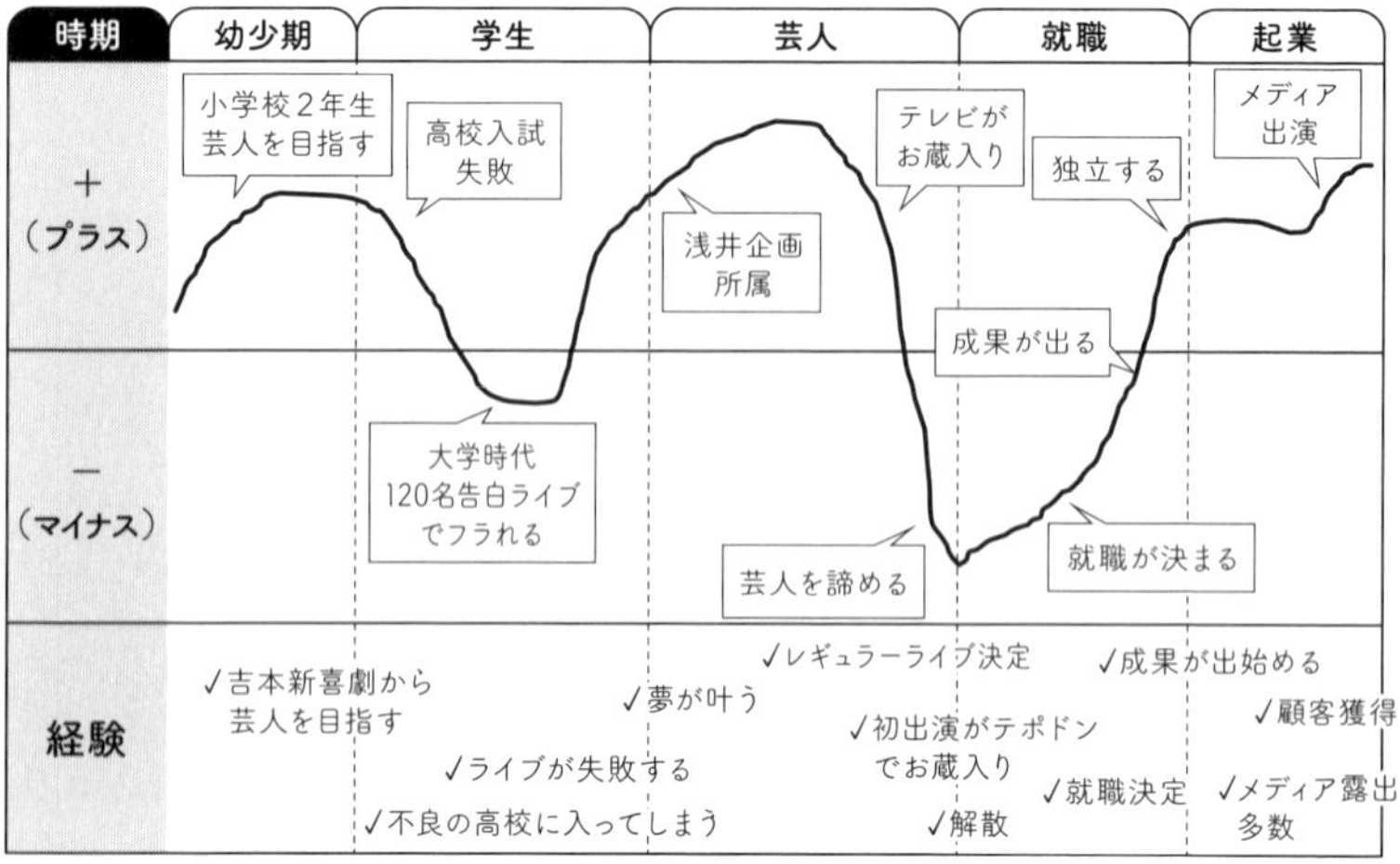

1つ目は、幼少期から洗い出すということです。なぜなら、幼少期に受けた親の影響が現在の価値観に多大な影響を及ぼしていることが非常に多いからです。

2つ目は、洗い出した出来事から「そのときの感情」「なぜ『プラス』もしくは『マイナス』に振れたのか?」などの背景にフォーカスして言語化することが必要となります。

3つ目は、その経験から何を学び取ったのか、です。「努力は報われる」「頑張っても無駄」など、何を学んだのかを質問することで相手に言語化させていきます。

私の場合を簡単にご説明します。全部で10個ありますので、かいつまんで記載しますね。

出来事1：小学校2年生で芸人を目指す

背景1：小学校の給食の時間に班で食事をしていました。そこで、牛乳を飲んでいる同じ班の人を笑わせて牛乳を噴き出させることが楽しく、毎日学校の登下校で「明日は何で笑わそう?」とネタを考えていた

学んだこと1：夢があると人生が楽しい。前に進もうという意欲が湧く

出来事2：大学時代120名を呼んだ告白ライブでフラれる

背景2：好きな女性ができ告白するためにバンドを組んだ。初めて会う人たちにお願いをしながら告白ライブを実施した

学んだこと2：実現したい思いによって人を動かすこと。友人との絆

出来事3：芸人を諦める

背景3：コンビ解散により6年続けてきた芸人を辞める

学んだこと3：夢は叶わない

出来事４：成果が出る

背景４：入社してすぐに成果が出ず0から学び続けた。3年目から徐々に成果が出始め、自分が描いているビジネスマン像に近づいていく。その間に後輩のANZEN漫才が爆発的に売れる

学んだこと４：一発逆転ホームランを狙っていたが、それは自分には向いていない。一歩一歩努力をして進んでいくことが成功へ一番の近道だ

出来事５：独立する（株式会社 俺を設立）

背景５：改めてやりたいと心の底から思えることと出合う

学んだこと５：一度夢を諦めても新たな夢を描くことができる。何かに没頭して努力してきたことは必ず生かされる

出来事６：メディア出演

背景６：あれだけお笑い芸人の頃に願っても実現できなかったテレビの出演やラジオの出演を実現することができた

学んだこと6：夢はいつか必ず叶う。そのためには努力し諦めずに人生を歩むことが重要である

このようなことを洗い出すことによって自分の成功パターンや自分が学んできた教訓を言語化していきます。そうすることで、夢を諦めた芸人の方々が実際に転職しても、活躍しやすい風土の組織や改めてやりたいと思える企業を紹介することができます。

こちらのワークも転職シーンだけではなく自社でキャリアを描くためにも使えます。ぜひ、上司・部下の関係または、夫婦関係でも使っていただけると相手と自分のことをより深く知ることができると思います。

「そんな一面があったんだ」「だからこの行動やこの事象で怒っていたんだ」と驚くこと間違いなしです。

ぜひ、お試しあれ！

第8章 チームを一つにまとめる

恵比寿の最後の授業

川谷は急いで家に帰ってきた。残業があり随分帰りが遅くなってしまった。「ただいま」と言うと書斎へ駆け込んだ。机の上のクッションに恵比寿はもういなかった。間に合わなかった。最後の授業が聞けなかった。

「兄さん、こっちや。こっち」。恵比寿の声がした。目をやるとビールの缶に恵比寿が戻っていた。恵比寿は続けた。

「いや〜、ギリギリに間に合ったわ。缶に戻ってしまったわ。危なかったで。ゆとり持って帰ってこいよ〜」

「す、すみません。こんな日に限って残業があり、申し訳ありません」

「まぁ、間に合ったからよしとしようか！　今日一日改めて振り返ってみてどうやった？」

「はい！　早速『シネマワーク』も山本さつきに教えましたし、深田の報告が全く意味が分からなかったのですが、〝イジリ〟もしっかりと成功させることができました」

「ええな〜。しっかり身につけてるやんか」

「今日一日じっくり本当にいろいろ考えたんです。深田と石野の仲が深まっていたり、その他にもチームのみんなが笑顔で働いていたり、今まで見えなかったことが見えるようになっている自分に気がつきました。そこで僕に一つの感情が溢れてきました。『営業部のメンバーが笑って過ごせるチームを作りたい』と改めて心から思いました」

恵比寿は、ビールの缶からニコッと笑った。

「おめでとう！」

「え？　何がですか？」

「改めて営業チームのビジョンが明確になったからや」

恵比寿は続けた。

「最後の授業を始めるわ。ここまで一緒にやってこれたことが僕は、誇らしいな〜」

「ありがとうございます」

「兄さんが営業部を変えるためには一つ重要なことがある。それは、どんな組織にしていきたいかをしっかりと営業部のメンバーに伝えることなんや。ビジョンを伝えるとも言うわな」

「なるほど……」

「例えば、僕もいろんな経営者を世話してきたわけやけど、スピーチの仕方ひとつでメンバーのロイヤリティ（忠誠心）に大きく差がつくことが分かったんや。そりゃもう、イケてる経営者の人たちのスピーチは笑いを入れながら、人の心を動かし引きつける力があるんやで」

恵比寿は続けた。

「逆にや、イケてない経営者や上長のスピーチは、とにかく硬い場になることが多いんや。ほんでや、聞く側も緊張したり、萎縮したりするわけや。当たり前やけど、練り上げてきたメッセージも絶対にメンバーには届かへん。まぁ、届かへんようにしてしまってるのは自分自身なんやけどな」

「確かにイメージ湧きます。うちの役員の中にもいるような気がします」

図25　スピーチのフォーマット

スピーチの目的

①会社を好きになる　②自分たちの仕事に誇りを持つ　③一体感を生み出す

ツカミ	ねぎらい	個人へ	ビジョン	問いかけ
【声の大きさ】 6割	【声の大きさ】 5割	【声の大きさ】 3割	【声の大きさ】 5割	【声の大きさ】 8割
挨拶をする	本日を 迎えられたことを 感謝する	個人へ 語りかける	会社の方向性を 伝える	拍手を求める
「こんばんは」などのシンプルな挨拶を大きめの声でし、1つ笑いを入れて場を和ませる	社員をねぎらい感謝を伝える	○○が本当に頑張ったことを感謝の言葉とともに伝える	成長していくこと、一人ひとりの社員を大切にしていることを伝える	もっと成長していけると思うかを拍手で賛同をもらい、感謝を伝え締めくくる

「そやろ！　じゃあ、どうやって話したらええかというとやな。ちょっと紙とペン取ってくれ」

缶の中に入っているため身動きが取れないらしい。恵比寿が入っている缶の前にペンと紙を置いた。

するとニョキッと両腕が出た。紙に器用に図を描き出した（図25）。

「伝わる」は作れる

「これ見てみ！　これはな、僕がいろんな経営者の面倒見てきた中で見出したものなんやで。いろんな人のパターンを分析して、一番シンプルな形にアレンジしたんや。まずはこのフォーマットに入れて練習するとええわ」

「すごい、フォーマットですね！」

「ほんまにすごいんやで！　感謝しいや！」

「ありがとうございます」

「基本的に、経営者や上長のスピーチの主な目的は、次の3つになることが多いやろ。それはな……」

目的1　会社を好きになる（ロイヤリティを高める）
目的2　自分たちの仕事に誇りを持つ
目的3　一体感を生み出す

恵比寿の言う通り、確かにこの3つになることが多い。改めて目的を見て私の会社では、社長と高木専務くらいしかスピーチを使いこなしている人がいないように思った……恵比寿は続けた。

「ほんでな、重要なのは『伝える順番』と『声の大きさ』にあるわけや！」

「『声の大きさ』ですか？」

「そうや！　声の大きさをどう使うかで、相手への刺さり方も変わってくるからな。まぁ焦るな！　まずはフォーマットも出してるから『伝える順番』について教えるわ」

「はい！　ありがとうございます」

ステップ❶　ツカミ

まずはクスッと笑いを取るんや。それをお笑い用語では「ツカミ」って言うんや。落語やと「まくら」って表現したりするわな。お笑い芸人が活用するスキルやけど、勝負は開始15～20秒くらいで、ここで笑いがクスッと起こるくらいがちょうどええな。クスッときた時点で聞いている側は引き込まれてるんやで。

ステップ❷　ねぎらい

立場が上がってくると人は、おごるんや。「自分のおかげ」「俺が雇ってやっている」とかな。ほんならどうなるかというと、お礼や謝罪が言えなくなってくるわけやな。頑張ってるメンバーへお礼を伝えるんやで。

ステップ 3 個人へ

次に、個人を称賛するんや。「平等」って言葉があるんやけど、本当の平等は頑張っているやつを称賛することにあるんやで。アイツを褒めたら、コイツもって考え方自体が全く平等ではない。しっかりと称賛してやるんや。そうすることで曖昧な評価から明確に基準ができて切磋琢磨できる気持ちになるわけや。

ステップ 4 ビジョン

ここが兄さんの腕の見せどころや！「どんな営業チームにしたいのか？」をしっかりと語るんやで。ここで兄さんの想いをメンバーに届けるんや！

ステップ 5 問いかけ

最後やで！ 終わり良ければ全て良し。最後は、テレビ番組「森田一義アワー 笑っていいとも！」と同じ手法で締めるわけや。「チームを作っていくために力を貸してくれませんか？」など、チームメンバーに賛同の拍手を求めるんやで。拍手が行われたらしっかりと「ありがとう」とお礼を伝えて締めくくるんや。

こんな「伝える順番」なんて考えたことがなかった。自分は、今まで営業部のメンバーに対してビジョンを語ったことはなかった。というより私に「営業部をどうしていきたい」という意思がなかったんだ。

「恵比寿さん、僕は今まで営業部のメンバーに何も目指すところを示していなかったんですね」

「そうやで。行き先を言われてないのにずーっと営業部のメンバーは走り続けてるんやで。なかなか、苦しいやろ」

「苦しいですね……」

「ちなみに、とある刑務所で死刑の次に重いとされている罰があるんや。それは、何やと思う？」

「え〜。分からないです」

「それはな、受刑者に穴を掘らすんや。深い穴が掘れたら、『埋めろ』って言われて埋める。これをただ繰り返すんや。ただただ意味のない行動を続けさせられる。そうすると人はどうなるか……」

恵比寿は寂しそうな顔をしながらどこを見るわけでもなく呟いた。

「人は精神が壊れてしまうんや」

「そうなんですね……」

「そうや。だからビジョンっていう『仕事をする意味』『目指す方向性』は非常に重要なんやで。でも、これに気づかない人も多い。兄さんは、気づいたんや。すごいことやで！じゃあ、『声のボリューム（大きさ）』についても解説していくで」

「よ、よろしくお願いします！」

「よっしゃ！　任しとき！　『声のボリューム』っていうのはな、いわゆる抑揚のことやで」

声でメッセージを刻みつける

ステップ 1　ツカミ：声のボリューム6割

第一声は大きめの声で「おはようございます」とか、シンプルな挨拶がちょうどええな。あとは、ツカミで使用するネタは最近あったニュースや会社の出来事、いわゆる「時事ネタ」やと笑いを取りやすい。営業のアイスブレイクをイメージしてもらえると兄さんならいけるやろ。

ステップ２　ねぎらい：声のボリューム５割

声のボリュームを少し絞るんやで。挨拶と同じボリュームで話すとクドイやろ？　平坦な印象も出てしまうからな。

ステップ３　個人へ：声のボリューム３割

声を小さく、個人へ語りかけるように話すんや。具体的に頑張ったことを例に出して称賛するんやで。ということはや、メンバーが普段どんなことをしているのかを把握しておく必要があるんやで。フィードバックするためにではなく称賛するためにな！

ステップ４　ビジョン：声のボリューム５割

ビジョンとねぎらいは同じボリュームがええんやで。すでにねぎらわれてるから、このボリュームが一番心に響きやすいんや。たまにデッカい声でここを語ろうとする人がいるんやけど、やめた方がええで。受け入れられへん人もいるからな。深田くんも石野くんも苦手やろうな。

ステップ5　問いかけ：声のボリューム8割

最後はな、今までで最大のボリュームを出すんやで。タモリさんもトーク中より大きな声で「明日も見てくれるかな？」と呼びかけるやろ？　あの雰囲気で問いかけをするんや！

「この『声のボリューム』を使いこなすだけで、兄さんのメッセージを伝える力は飛躍的に向上するんや」

「なるほど！『声のボリューム』まで意識して話したことはないですね」

「そうやろ〜」。恵比寿は自慢げな顔をした。空き缶越しでも伝わってくるほどだから、クッションの上にいたらどんな顔だったんだろう。少し笑えた。

「恵比寿さん、でもかなり練習しないと滑らかに話せないですね。今日は、たくさん練習します！」

「練習はしたらええよ。でも『スピーチは滑らかに話す必要がない』ということを覚えとかなあかん」

「え？　滑らかに話す必要がないんですか？」

「そうや。言葉に詰まってもええんや！　やっぱり大切なのは人に伝えたいという気持ちでしかないんやで」

「そうですね！」

「TEDxSapporo でプレゼンしていた植松努くんていう子がいるんやけど、その子のプレゼンは滑らかではない。台本を読んでいて不器用にも見える。でもな、人の心に突き刺さるんや。だから、重要なのは伝えたい気持ちなのよ」

私が、本当に伝えたい気持ち。これを研ぎ澄ます必要があるのか。

ビジョンを伝えチームをまとめる

「兄さん、もう時間、み、たいや」

「恵比寿さん!!」

「兄さんの悩みがさ、僕が七福神をマネジメントし出したときと似てたんよ。マネジメントするのは本当に大変やった。苦労したんや。『独立したい！』っていうやつもおるし」

「独立……そうなんですね」

「僕もね、笑顔も見せないし、うまくいかないと相手を怒鳴りつけることもあったのよ。布袋尊っていう神様に言われて気づいたんよ。『恵比寿さんといると息苦しい』って」

私と同じだ。布袋尊という神様は、僕にとって深田なんだ。恵比寿は続けた。

「そこで自分を変えることにしたんや。『笑顔でいる』とか『七福神のメンバーにネガティブな言葉を使わない』とか」

「実践済みだったんですね」

「もちろんや。適当なことは言えないからな。神様やで！　そして、最後には七福神のメンバーに対して自分のチーム像を伝えたんや。要するに『ビジョン』ってやつや！　それはそれは滑らかではなかったかもしれない。けどな、本音で伝えたんや。僕は、『世界中の人を笑顔にしたいんだ』って。ほんならみんな拍手してくれてな。照れ臭いけど僕、泣いてしまったんよ」

「なんか、素敵な話ですね……」

「ありがとう」

そう言うと恵比寿は両手を改めてニョキッと出して、釣り竿を持ち8の字を描いた。釣り竿の先が「ヒュンヒュン」と音を立てている。そして、恵比寿は大きな声で言った。

「兄さんに、素晴らしい未来が訪れることを祈る！」

ピカッと書斎が強い光に包まれた。光が収まりいつもの書斎が目に飛び込んできた。そこにはビールの空き缶が一つだけあった。これは夢だったのかな。

ビールの缶の恵比寿は、片手に釣り竿だけ。なぜか、鯛は持っていなかった。鯛はどこへ……？

「これは現実なんだ。恵比寿さん、私にこんなチャンスをくれて本当にありがとう」

明日は、営業会議だ。営業部のメンバーに伝えたいことがある。こんな気持ちで営業会議に向かうのは入社して初めてかもしれないな。

寝室に入ると妻と娘が眠っていた。起こさないように布団に入った。妻が話しかけてきた。

「遅くまでお疲れさま」

「ごめんね。起こしちゃった？」

「そんなことないわ」

「明日は、勝負なんだ。集大成というか、始まりの日って感じだ。久しぶりに緊張してるよ」

「そう。緊張はいいことよ。気負わず、あなたらしく勝負することが重要よ」

「いつも、ありがとうな。おやすみ」

あなたらしくか。恵比寿が言うように滑らかに話さなくてもいいんだよな。本当に、パートナーの言葉には耳を傾けるもんだな。

＊＊＊

いつもの時間に起き、朝ご飯を食べようと台所に入ると妻が準備をしていた。

「もう少しでできるからちょっと待ってて」

いつもならすぐに出てくるはずなのに珍しい。新聞を読みながら待っていると、全く朝食では見かけない食事が出された。

「お待たせ！」

「これ？　何？」

「何って、鯛のお造りよ。見たら分かるじゃない」

「いや、分かるけど……この鯛どうしたの？」

「気さくな関西弁のおじさんからもらったのよ」

気さくな関西弁のおじさんって、まさか、恵比寿さんじゃないよな……。川谷の考えている素ぶりなど気にもとめずに妻は続けた。

「あなた昨日言ったわよね？　集大成の日でしょ⁉　じゃあ、メデタイ日ってことじゃない？」

妻は満面の笑みでこちらを見ている。

「あははは！　ありがとう！」川谷は笑った。

妻の笑顔は今日も輝いていた。

まさか鯛のお造りを朝から食べることになるとはな。皿洗いを終え、書斎の前まで行き「恵比寿さん、ごちそうさま」と呟いた。

「話し方」より気持ちが大切

いつも通りの時間に会社の自席に着いた。朝の鯛のお造りで満腹になってしまいすでに眠気が襲ってきている。眠気に負けて、気負いがなくなっていた。妙な効果を発揮するもんだな。

トイレに行き顔を洗い、気持ちを入れ直した。自分の本当に伝えたい想いを研ぎ澄ませるために何度も頭の中で復唱した。

「おはようございます！」

営業部のメンバーが出勤し始めた。山本さつきも出社してきた。

「川谷部長、おはようございます。この前教えていただいた『シネマワーク』は本当にすごい効果でした！」

「そうか！　それは良かったね」

「管理部の部長も優しくなったというか、チームとして一体感が出てきました。これも川谷部長のおかげです！」

「いやいや、これは山本さんの成果だよ。山本さんがチームに対して諦めなかったからだと思う。本当に、素晴らしいよ！」

「嬉しいです！　こんなに褒めていただいたのは入社して以来初めてです。本当に、ありがとうございました！」。そう言うと嬉しそうに席へ戻っていった。少しは、モチベーションを上げることができたかな。

営業会議が始まる。川谷の「では、会議を始める」の一言で営業会議が始まった。早速、口を開いたのは深田だ。アイスブレイクをして空気を作ろうとしている。

「アイスブレイクになるかは分からないんですが、先日訪問した会社で実は受注することができました！　本当に、いろんな方に助けていただき実現しました」

周囲から惜しみない拍手が送られた。笑いが生まれたわけではないが、深田の頑張りはチームを良い方向に変えようとしているのが見て取れた。深田は、嬉しさのあまり泣いていた。深田は続けた。

「営業部のメンバーには、本当に今まで迷惑をかけました。僕は、数字を達成できず足を引っ張ってきました。でも、今日の受注をキッカケに自分は変われそうです。本当に、ありがとうございました！」

深田、泣かせるじゃないか。川谷が深田に続いた。

「みんな改めて深田に大きな拍手を！」

会議室が、拍手に包まれた。深田は照れ臭そうに席に着いた。

「今日は深田が初めて一人で受注をした日になった。おめでとう！　まさか深田をみんなでお祝いする日が来るとは思わなかったよ。本当に深田は味わい深いやつだな」

クスクスと笑い声が聞こえた。深田もおどけた仕草をしながら「すみません。ありがとうございます」と頭を下げた。川谷は続けた。

「でも、本当に頑張ったな。そして、深田だけでなく今日という日は、一人ひとりの頑張りを積み重ねたからこそ迎えられている。改めて感謝する」

川谷は、声のボリュームを少し落とし、語りかけるように話し始めた。

「石野、深田が受注できたのもお前が提案書にアドバイスをしてくれたおかげだそうだな。私からも伝えさせてもらう。本当に、ありがとう」

石野は照れ臭そうに頭をかいた。

川谷は、声のボリュームを少し大きくして続けた。

「今まで私は、大切な営業部のメンバーを何度も詰めたことがあった。申し訳なかった」

川谷は深々と頭を下げた。そして、十分な間を取り、続けた。

「もうそれではダメだと私自身も気づいたんだ。これからは『営業部のメンバーが笑って過ごせるチームを作りたい』、そう思ってるんだ」

川谷は、声のボリュームをさらに大きくして続けた。

「確かに、今までは、そうじゃなかったかもしれない。でもこれからは変えていきたいんだ。どうかこんな俺だけど一緒に作ってもらえないだろうか？」

川谷は、改めて頭を下げた。唐突すぎる川谷部長からのお願いに営業部のメンバーは少し困惑していた。ただ、深田だけは違っていた。

「任せてください！　僕は、部長についていきますよ！」

深田の声に続き、全員が「やりましょう！」と声をあげていった。

会議室は、川谷への拍手で包まれた。今まで営業部が発足して一番の拍手だった。語ったビジョンは世の中を変えるほど輝くものではなかった。でも、川谷の気持ちが詰まった真面目で濁りのない言葉だった。

2人で行く初めての食事

川谷と深田は、初めて居酒屋で酒を酌み交わしていた。「乾杯！」。2人の声とともに会が始まった。川谷は続けた。

「深田と一緒に飲みながら受注祝いをする日が来るとはな。なんか感慨深いな」

「ありがとうございます！　僕も本当に嬉しいです。あっ、川谷部長と同じ飲み物いかせてもらっていいですか？」

「おっ、いいぞ」

「川谷部長のビジョンしびれました。僕が言うのも失礼だと思うのですが、最近の部長は笑顔が多くて本当に素敵だと思います」

「上司に素敵って！　照れるだろ。まぁ、でも深田から『数字達成お祝い会』の帰りに言われたことが今でも心に残ってるんだよ。あのときは、腹が立ったけど今では感謝しているよ」

深田は不思議そうな顔をして続けた。

「僕に、言われたことってなんですか……？」

「覚えてないのか？」

「何がですか？」

「あははは！　いやいや、いいんだよ。覚えてなくて。まぁ、お前のおかげってことで！」

「そ、そうなんですね！　分かりました」

「でも、深田も本当に変わったな。何かキッカケでもあったのか？」

明らかに言いにくそうにしながら深田は答えた。

「信じてもらえないかもしれないんですが、実は、何というか神様に助けてもらったというか……なんて……」

川谷は「はっ」とした。恵比寿さんが以前言っていた布袋尊ってもしかして……。

「その話、詳しく教えてくれないか？　実は、俺も神様に助けてもらったんだよ」

初めて2人はお互いが七福神に助けられたことを知った。「あのときは？」「じゃあ、あの話も」。互いの答え合わせをした。

時折、深田は布袋尊から学んだ通りに、時計を見ながら「もうこんな時間ですか？」と何度か伝えた。

そして、気がつけば川谷部長のことを「兄さん」と呼んでいた。川谷部長は、「恵比寿さんみたいな呼び方をするな」と照れた。

居酒屋には2人の笑い声が朝方まで響き続けた。

それから10年後

深田は、久しぶりの緊張感に襲われていた。家でゆっくりコーヒーを入れ新聞を読み心を落ち着かせた。営業会議の15分前に着いたが営業部のメンバーはすでに会議室に集まっていた。15分前が暗黙の了解としてあれから10年間も受け継がれている。

会議室に入ると石野に言われた。

「深田さん遅いですよ。みんな待ってましたよ！　早く始めましょう」

「あっ、ごめん、ごめん。ちょっと緊張しちゃって」

周囲から笑い声とヤジが飛んだ。

「大丈夫か？」

「頼むよ～」

「応援してるよ」

深田は心を落ち着かせ一言発した。

「じゃあ、営業会議を始めようか」

深田が部長に就任して初めての営業会議が始まった。

一人ひとり順に週末にあった出来事をアイスブレイクとして話し出した。メンバーの一人が話し終えるごとに笑いと拍手が起こった。10年前と比べて笑顔が多い会議となっていた。

個人の数字を詰めていく仕組みはなくなり、営業部のビジョンをもとに、自分の戦略を自ら立案し、方向性に明らかな違いがあれば周囲のメンバーは質問から本人の意向を引き出し正しい方向へ導いていく。個人の自律性を育む組織へと生まれ変わっていた。

「では、これで営業会議を終了する。みんな今週も笑顔で頑張っていこう！」。深田の一言で営業会議を終えた。


深田は、自分の席に着いて仕事をした。あれから10年か。本当に、いろんなことがあった。布袋さんのおかげで今日から部長に就任することができた。本当にありがとう。昔のことを回想していると石野と山本さつきが席へと来た。

「深田部長、あのちょっとご報告がありまして……」

「どうした？」

「実は、僕たち結婚します」

「え？　え？　あ？　え？　誰と？」

「いや、山本さつきさんと結婚します」

山本さつきは満面の笑みで石野の隣に立っていた。

「あ、おめでとう。え？　いつから2人は？」

「ちょうど10年前からなんです。昔、さつきさんが深田部長に怒ったの覚えてます？　あの日から仲良くさせてもらっていてお付き合いすることになったんです」

石野は、昔からそつがない。ここまでくると笑えるな。

「そうか。本当におめでとう。山本さんもお幸せに！」

恥ずかしそうに山本さつきが笑った。10年前に比べて随分柔らかい表情をするようになったな。怖かったのは僕にだけか……。

「そこで、結婚式の乾杯の挨拶を、ぜひ深田部長にお願いしたくて。僕が一番お世話になったのは深田部長なので」

「川谷社長も出席されるのか？」

「はい！　川谷社長にも『深田部長がいいんじゃないか？』と言われています」

「分かった。準備しておくよ。俺はまだ結婚してないのにさ〜」

「お先に、すみません」

職場は笑いに包まれていた。


（終わり）

ロイヤリティが高まる話し方とは？

スピーチで場の空気を操る

コンサルタントという仕事柄、取引先の社内イベントにお邪魔する機会が多くあります。その中で一つ気づいたことがあります。経営者や上長のスピーチの仕方ひとつで社員のロイヤリティ（忠誠心）に大きな差がつくということです。

忙しい仕事の中で、社員が一堂に集まる朝礼や社内イベントなどは、メッセージを直接伝えられる非常に貴重な機会です。

ところが、経営者や上長の方のスピーチは、ともすると硬くなりがちです。聞く側は緊張したり、萎縮したりしてしまい、せっかく練り上げたメッセージも届きにくくなります。第2章でも紹介したように「今、笑うところだぞ！」などの「笑いのカツアゲ」が行われていることもありますよね。そうなると、ロイヤリティが高まるどころか、「無駄な時間だった」と不満が生まれかねません。

一方、きちんと「笑い」が盛り込まれたスピーチだと、場が和み、人を引きつけたり、社員を奮い立たせたりすることができます。その差は歴然です。

本文でも、川谷部長は助けてもらえるように協力を仰ぎました。あのように今まで弱みを見せなかった人が、自分の弱みを開示することで、周囲は協力したいと思えます。完璧で全てをこなせる人である必要は全くないということですね！

さて、スピーチのステップは「やっているよ」という方もいらっしゃるかもしれません。ビジョンくらい日々伝えてるよ！　しかし、喋りのプロといわれるお笑い芸人さんとの違いは「声のボリューム」と「間」の活用にあります。

例えば、結婚式などで友人代表が、お笑い芸人さんのネタを真似て芸を披露することがあると思います。でも、同じネタなのに全く笑いが取れない。一番笑いが取れたのはパーティグッズで揃えた衣装で登場した一瞬のみ。いわゆる「出オチ」となってしまうことが多くあります。地獄ですね。

間を使いこなし感情を自由に伝える

芸人は「間」を使いこなすことで笑いを生み、ネタにリアリティを持たせています。図26をご覧ください。

こちらの図をもとに具体的に解説していきましょう。今回は、川谷部長のスピーチを参考にしてお伝えします。特にどこで「間」が使われているかに注目してみてください。

ステップ1　ツカミ

今回のスピーチでは、川谷部長は深田が受注したことを褒めることをツカミとして使用しました。具体的にどこに間を活用すると効果的かというと「本当に深田は（間）味わい深いやつだな」です。ここで間を使うと強調されて笑いと柔らかい空気を演出できます。

ステップ3　個人へ

石野へ語りかけるシーンですが、感謝をより伝えるのであれば最後の「本当に（間）あ

図26 「間」の上手な使い方

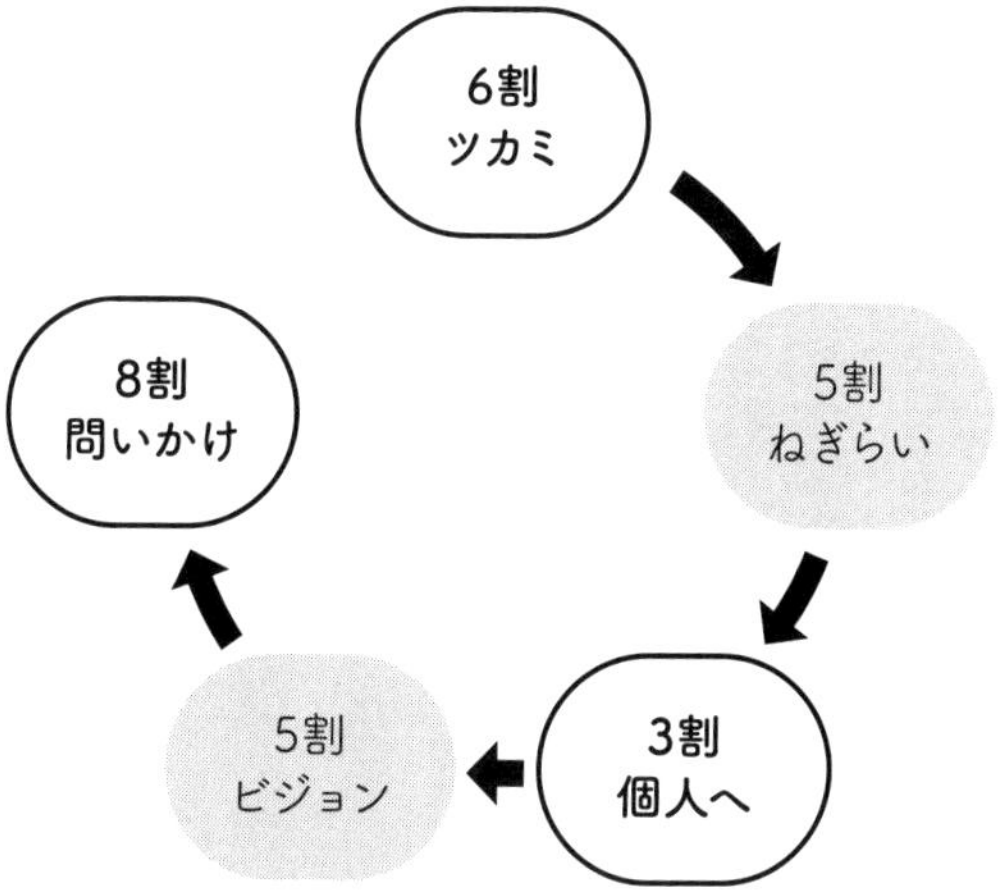

声に**抑揚**をつけて**興味**を引き、**間**を活用して人を魅了する

りがとう」が非常に効果的です。

ステップ5 問いかけ

チームメンバーの問いかけで「どうかこんな俺だけど（間）一緒に作ってもらえないだろうか？」と間を使いながら全体を引きつけてお願いをしてください。あなたの決意や気持ちがより伝わります。

「伝える順番」「声のボリューム」「間」をステップ通りに実践すれば、スピーチが劇的に変わり、今までにないほどの一体感が生まれます。ただ、「間」を使いすぎると、クサイ演技のようになってしまうので注意は必要です。

ぜひ一度、「間」を実践してみてください！

［ コラム ］

5ステップで幸せに 元芸人の披露宴スピーチ

笑いを生み出す結婚式のスピーチ

コンサルタントという仕事をしていると、取引先の結婚式に呼んでいただくことがあります。また、お笑い芸人から転職して独立した経緯もあり、お笑い芸人の結婚式にもよくお伺いします。

一流のお笑い芸人の結婚式のスピーチは、その芸人さんならではの、お決まりのフレーズを活用しながら笑いを重ねることで、最後にはその場にいる、皆が笑顔になります。「お見事！」と言うしかありません。

一方で、一般の方の結婚式のスピーチは、見事なスピーチと残念なスピーチの両極端に分かれます。残念なスピーチは時間も長く感じ、周りの景色がセピア色に見えてくるほど重苦しい空気が漂います。

特に残念なスピーチに見られる特徴的なパターンは以下の3つです。

失敗パターン 1 冒頭の自虐ネタが深刻すぎて「この会社、この社長、大丈夫かな?」と出席者に不安を与える

失敗パターン 2 毒舌芸人さんの真似をして笑いを取るつもりが新郎・新婦を落としすぎて、会場の空気が凍りついてしまう

失敗パターン 3 スピーチが長く、緊張で内容も支離滅裂になり、「この話いつ終わるのかな?」という空気になっている

では、結婚式でどのようにスピーチをすれば、「笑い」を生み出して出席者の心をつかみ、

新郎新婦やご両家の両親を安心させることができるのでしょうか?

一旦落として持ち上げる

手軽に適切な結婚式のスピーチができるようにフォーマットをご用意しました。このフォーマットは、お笑い芸人や経営者の名スピーチを聞いて、最もシンプルで伝わりやすい順番を分析し、作ったものです。図27をご覧ください。

結婚式のスピーチの主な目的は、「ご両親ならびに出席者に対して『新郎or新婦』は信頼に値する人間であることを伝える」ことだと考えています。

その上で、重要なのは内容もさることながら、「伝える順番」と「スムーズにスピーチをする必要はない」ということです。

まず、具体的に「伝える順番」について解説しましょう。

ステップ1 ツカミ

自虐ネタを使い、自分を落として「クスッ」と笑いを取ります。自虐を使う理由は、2

図27　結婚式のスピーチのフォーマット

結婚式のスピーチの目的
ご両親ならびに出席者に対して「新郎 or 新婦」は信頼に値する人間であることを伝える

ツカミ	失敗談	実績	期待	問いかけ
自分を自虐ネタで落とす	新郎 or 新婦の入社してからの失敗談を話す	具体的な「数字」「企業名」を挙げて実績を伝える	会社からの期待を伝える	①自虐ネタ or ②問いかけ
クスッと笑える話をして、親近感を持たせるとともに、新郎新婦の失敗談を聞きやすくする	失敗談を話し愛されているキャラクターであることを伝える	すんなりではなく、頑張って成果が出たことを伝えることで誠実さを演出する	会社を背負っている印象を与えることにより、ご両親や出席者を安心させる	自虐ネタを改めて使うか、盛り上がらなかったときのために会場を巻き込み拍手をもらう

つあります。まず「偉い人のスピーチ」という印象を取り払い、親しみやすい人であることを認識してもらう。さらに、ステップ2で「新郎 or 新婦」の失敗談を話すため、先に自分を自虐ネタで落とし、会場の方々が聞きやすい空気を作るためです。

ここで大事な点は自虐しすぎないこと。好ましい例を一つ挙げると、「株式会社○○で代表を務めております△△と申します。肩書きは社長ですが、頼りないもので、一人ひとりの社員に助けていただきながら、毎日会社を経営しております」。謙虚で社員思いという印象を与えられます。

ステップ2　失敗談

「新郎・新婦」がどのような人であるかを具体的

に伝えます。ここでは、過去の失敗談を話しておきます。彼や彼女が、新人時代や若い頃は「おっちょこちょい」で「ミスが多かった」といった話ですね。あとの盛り上がりに繋がるよう、意図的に一度落とすわけです。

※注：新郎の身内ネタで、下ネタを話す方がいますが会場が「地獄」になるのでやめましょう。

ステップ3　実績

先ほど一度落としたので、ここから「新郎・新婦」を持ち上げていきます。重要なのは、具体的な「数字」「企業名」を伝えることです。会社として大きな成果か否かが重要なのではなく「3000万円を獲得」など数字を伝えることで説得力が増します。そして、苦労して成果を上げたことを伝えることにより、胆力があり努力する人間であることを印象づけます。

※注：苦労したストーリーに人は共感し、引きつけられます。万能な人である必要はなく、リアルな苦労や弱音を交ぜるとより効果的です。人間味が伝わりますので。

ステップ4　期待

ここからが腕の見せどころです。会社として彼や彼女に対して何を期待し、どんな人材になってほしいのかを伝えます。ここを魅力的に伝えることで「会社から信頼され、期待されている人」と印象づけ、ご両親からの信頼を得ます。

※注：期待を伝えることを気恥ずかしく思って抽象的に伝えたり、「まぁ」や「とりあえず」などの曖昧な表現を使ったりすると、ここまで盛り上げてきた雰囲気が台なしになります。「言い切る」ことが重要です。

ステップ5 自虐ネタor問いかけ

最後は、最高に上がった彼や彼女の評価を際立たせるために、もう一度自虐ネタで自分を落とし、クスッと笑いを取ります。自虐で笑いが取れなかった場合は、会場に問いかけます。「この2人が幸せになると思う方は拍手をお願いします！」と促すと、ここまで全く聞いていなかった方も周囲を見て必ず拍手をし、一体感が生まれます。そして一言「お幸せに！」と伝え挨拶を終了します。スピーチ全体に良い印象を残して終えることができます。

※注：全員が拍手をするようにしっかり促してください。中途半端な巻き込み方ですと、盛り上がりに欠けた雰囲気で終わってしまい、一体感が生まれません。

スムーズにスピーチをする必要はない

これだけの内容を3～4分にまとめて話をすることをお勧めします。漫才の大会「M－1グランプリ」でも1組の持ち時間は4分。あれだけ練り込んだ秀逸なネタを披露しても、人が集中できるのはそのくらいの時間です。

また、ビジョンを語るのと同様に淀みなく流暢に話すことが重要だと感じている方も多いかと思います。実は、結婚式のスピーチも流暢に話す必要は全くありません。

言葉に詰まり、涙を浮かべ、かんでしまう。こうしたリアルな感情が出席者の共感を呼びます。また、言葉に詰まったようなときは、白いハンカチで口元をすっと覆い隠してください。涙をこらえているかのように周囲は感じます。

あとは、たどたどしくても、普段感じている素直な気持ちを伝えるだけで、目的は達成されます。こちらのフォーマットに沿って結婚式のスピーチをすれば、会場を盛り上げられることでしょう。

おわりに

まずは、ここまでお読みいただき本当にありがとうございました。厚く御礼申し上げます。

「なぜ、この本を書いたのか？」と問われたら私は、こう答えます。

世の中を今よりもちょっと面白おかしくしたい　そう思っているからです。

私は、お笑い芸人からふつうのビジネスパーソンになって本当に驚きました。少しでもボケてみると、「仕事だから真面目にしろよ！」と怒られたり、会議で冗談を言おうものなら「そういうのはいらない」と冷たくあしらわれたりしました。

「いや、真面目すぎるやろ！」と思います。

冗談も言えない環境で、本当に新しい発想や、クリエイティブなものが生まれるのでしょうか。私は、絶対に生まれないと思います。そして、ミスも許されずチャレンジすることもしなくなります。

私は、世の中の人は、仕事を楽しむことを忘れてしまっていると感じています。仕事が面白くないことが当たり前だからと諦めてストレスを溜め込んでしまっている人を何人も見てきました。そのような状態にあると、おかしいと声をあげることをしなくなってしまいます。

ビジネス社会にもお笑い芸人のスキルが広がれば、世の中が今よりも面白おかしくなると思っています。

そして、コミュニケーションの悩みや、息苦しいやりとりが少しの工夫でなくなればいいなと心より願います。

もし、皆様の周りでコミュニケーションに悩んでいる人や、真面目で小難しい世の中に違和感を感じている人がいれば、ぜひともこの本を紹介してあげてください。

きっと、力になると確信しています。

さて最後に、本書を執筆するにあたって、本当に多くの方に協力をいただきました。いつも的確で切れ味がありすぎるフィードバックをくれた日本経済新聞出版社の雨宮百子氏、日経電子版「NIKKEI STYLE」で非常にお世話になった村上憲一氏、素晴らしいタイトルを考えてくださった梅田悟司氏、そしてたくさんの人と繋げていただいたコンコードエグゼクティブグループの渡辺秀和氏、中西弘士氏。

最後には、お礼が書いてある本がたくさんあります。正直、何で書いてるんやろ?と毎回思っていましたが、書きたくなるほど非常にお世話になりました。ありがとうございました。

そして、大学を中退してまで芸人を目指すことを一言の反対もなく許してくれた家族、私が芸人を辞めた直後に雇ってくれた会社、一人前に育ててくれた上司、結婚してすぐに独立したにもかかわらず背中を押してくれた妻、独立する手伝いをしてくれた尊敬できる皆様。最初に取引がない中、弊社のことを救ってくれた多くの素晴らしい取引先の皆様。

今の私がいるのは、皆様のおかげです。本当にありがとうございました。

2019年6月

株式会社 俺　代表取締役社長　中北　朋宏

参考文献

書籍

・『夢をかなえるゾウ』水野敬也著　飛鳥新社　2011年5月
・『V字回復の経営—2年で会社が変えられますか』三枝匡著　日本経済新聞出版社　2006年4月
・『自己プロデュース力』島田紳助著　ヨシモトブックス　2009年9月
・『天才を殺す凡人—職場の人間関係に悩む、すべての人へ』北野唯我著　日本経済新聞出版社　2019年1月
・『超一流の雑談力』安田正著　文響社　2015年5月
・『一瞬で相手の心をツカむ！笑いのスキルで仕事は必ずうまくいく』殿村政明著　小学館　2010年5月
・『いじり・いじられ術　お笑い芸人に学ぶ　いじり上手は信頼される　いじられ上手は出世する』田中イデア著　立東舎　2016年9月
・『漢字幸せ読本—漢字は答えを知っている』ひすいこたろう、はるねむ著　KKベストセラーズ　2007年5月
・『人を動かす』デール・カーネギー著　山口博翻訳　創元社　2016年1月

中北朋宏（なかきた・ともひろ）

浅井企画に所属し、お笑い芸人として6年間活動する。その後、人事系コンサルティング会社に入社し、内定者育成から管理職育成まで幅広くソリューション企画提案に携わり、500社以上の人事・経営者と会う。新商品の販売実績では2年連続MVP、中小企業コンサルティング実績はNO.1を獲得。その後、インバウンド系事業のスタートアップにて人事責任者となり「制度設計」「採用」などを担当。2018年2月9日に株式会社俺を設立。“夢諦めたけど人生諦めていない人のために”をコンセプトに、お笑い芸人からの転職支援「芸人ネクスト」や笑いの力で組織を変える「コメディケーション」を展開中。

「ウケる」は最強のビジネススキルである。

2019年6月19日　1版1刷

著　者　　中北朋宏

発行者　　金子豊
発行所　　日本経済新聞出版社
〒100-8066 東京都千代田区大手町1-3-7
電話 (03)3270-0251(代)
HP　https://www.nikkeibook.com/

印刷・製本　シナノ印刷
本文DTP　マーリンクレイン
カバーデザイン　小口翔平＋岩永香穂(tobufune)
本文デザイン　喜來詩織(tobufune)

ISBN978-4-532-32285-4
Printed in Japan